paramecio & EL CANTAR DE CASIMIRO
por Jaime López

I0155000

Jaime López

paramecio&
EL CANTAR DE CASIMIRO

katakana
editores

paramecio & EL CANTAR DE CASIMIRO
PRIMERA EDICIÓN 21 de enero de 2023
© Jaime López
Edición al cuidado de Miriam Canales
Ilustración de portada: *Monster Soup* de William Heath
Imagen interior: *A Drop of Thames Water* de *Punch Magazine* (1850)

EDITOR: Omar Villasana
DISEÑO Y MAQUETACIÓN: Elisa Orozco
© D.R. de esta edición katakana editores 2023

ISBN: 979-8-9865284-1-0

katakana editores corp.
Weston FL 33331
✉ katakanaeditores@gmail.com

Índice

paramecio

El paramecio, aunque es un organismo unicelular, tiene vida libre...

(De mi libro de Biología de la secundaria).

No es para necios
esta expansiva síntesis
de elfos libertos.

No es animal
mi protozoario amado
ni vegetal.

El paramecio
sorbiendo el haikú encuentra
vida en sus versos.

Como un poema,
unicelular, luego
la letra aumenta.

Materia orgánica
en aguas estancadas
le anima el ánima.

Silencio al cien,
ingenuos trabajando,
disculpe usted.

Una campana
que tañe el viento frío
desnuda damas.

Irá llenando
la negra luna nueva
el lobo blanco.

El Pensador
al bambú saca punta
y hace una flor.

El toro embiste
a la hormiga invasora
y el río ríe.

Las hojas secas
de los libros, son fotos
de un tono sepia.

Cantante negro,
el algodón te llama
Panza de Cuero.

Sol madurón
que agoniza y revive
es un guasón.

Flores que brotan
son púberes traviesas
que te alborotan.

Lluvia constante
con su memoria vuelve
lagos ciudades.

Trineo urbano
jala un perro polar
por el asfalto.

Fruto maduro
que de repente cae
es oro puro.

Cacto en maceta:
microcosmos desierto
que baja estrellas.

Moneda al aire
tu alma en la encrucijada
y el Diablo aplaude.

Por la azotea
antenas mece el viento
como palmeras.

Aunque descansen,
esos zapatos sueñan
con bellas calles.

Realidad cruda:
cadáveres de vidrio,
botellas mudas.

Jaime López

Marchitas flores:
momias que rememoran
tiempos mejores.

Verdad, mentira,
son bolsas de basura
que se reciclan.

En su acetato
el disco es petrobono
cual dinosaurio.

Sonríe el felino,
su motor ronronea,
canta dormido.

Puesta en la silla,
sobre la mesa escribe
mi gris camisa.

Libros se besan
en el hotel de paso
La Biblioteca.

Cuando medita,
el monje es un soldado
que ya levita.

Yo sólo zen,
siendo un rollo capcioso,
no he de saber.

Un ser bonsai
chiquito es muy bonito,
cual Peter Pan.

La vida es una
sola estación de cuatro
edades juntas.

No es necesario
sugerir la estación
en haikús falsos.

Escroto lleno
de morralla es aún
mi monedero.

Puedes creer
que la ves, pero es ella
la que Te Ve.

Nunca despierta
de un grito a medio sueño
la vida muerta.

Mudo, más habla
un teléfono mustio
que mil palabras.

Viene a mi cuarto
con ella algo del Mar
Mediterráneo.

El diccionario:
el libro de poesía
más manoseado.

El muro herido
exhibe en carne viva
rojos ladrillos.

Luzbel ampara
a la lánguida lámpara
alucinada.

Cacofonía
es la aliteración
no bien parida.

Un santo gris
y un demonio azul luchan
dentro de mí.

La árida zona
en su seco silencio
es muy sonora.

La senectud
es sentir cómo vives
en tu ataúd.

Sombrero viejo
nada más se lo ponen
mis pensamientos.

Acupuntura
de gotas de agua fría
desde la ducha.

Es sólo un juego
Serpientes y Escaleras,
bueno, eso creo.

Si no hay poéticos
políticos, poetas
hay apolíticos.

El primer día
del año es el principio
de lo que olvidas.

Camino andado
no es el libro que acaba,
sólo ha empezado.

Buenas noticias
soñar que has despertado
y te pellizcas.

Es por costumbre:
cuchillo que no corta,
bien que se hunde.

El excusado
se traga los insultos
que arroja el ano.

Vomita a tiempo,
que no es sano nutrirse
de vil veneno.

La miel te quema
en la abundancia y pica
más que una abeja.

Perro que danza
no muere de vergüenza,
mueve la panza.

Sin autoestima
este globo terráqueo
ya se desinfla.

El pesimismo
es la cara escondida
del optimismo.

Una sonrisa
al revés te demuestra
su hipocresía.

Separaciones
en el desgarre lento
duelen horrores.

Crece por fuera
joven, vieja por dentro,
la cabellera.

Noche sin luna,
pasos en el tejado,
nervios de punta.

Me da un calambre
pájaro en gabardina
sobre el alambre.

La paranoia
siente que la persigue
hasta su sombra.

Más que la envidia
del pene, la del dildo
sí que es la mía.

Mientras gozaban
de la anticonceptiva,
nos vino el viagra.

No soy del padre
ni adversario ni aliado,
me vale madre.

Luce luceros
la bóveda celeste,
que son senderos.

Campestre, urbana,
una u otra leyenda,
ambas humanas.

Negro de celos
te pones en el célebre
Hotel de Otelo.

Arden las copas
en la Cantina Turner,
piernas que alocan.

Llanta ponchada,
la Vulcanizadora
Duncan la parcha.

Bailando un blues
va evocando al tranvía
el trolebús.

Como en el limbo,
en un tren subterráneo
almas en vilo.

Bolero ateo,
no escondes no es con Dios
el pacto lego.

Cuaderno y lápiz,
compañeros de viaje
aun sin taxis.

Por tus pantanos,
credo del Agua Pura,
en Rock renazco.

Estatua fatua
de idólatras cautivos
de un ser sin alma.

Son de la Negra,
no te rajes, Calypso,
son de tu esperma.

Norteño exclamas,
jamaiquino perdido:
¡Ajúa, rasta!

Superficial,
me salen puros chistes
si soy formal.

Pedos y eructos,
si me pongo romántico,
es lo que expulso.

Viejos los cerros
y hasta raboverdecen
los muy culeros.

Asaltacunas
no soy, niña; tú eres
asaltatumbas.

No tengo prisa,
quizá el último tren
pronto no exista.

Cuando hace un siglo
que se me fue el avión,
no había nacido.

No niega el ocio
quien quiere realizar
un buen negocio.

Catolicismo,
estos ritos paganos
no has absorbido.

Es mi refugio
en un sueño soleado
el lente oscuro.

Desde el buró
el gallo es un gandalla
despertador.

Espantapájaros:
un papalote anclado
en pleno páramo.

Oh, piel de tigre,
el sol tras de tus rejas
rugiendo es libre.

Conmigo viaja
retratada en tus ojos
la Vía Láctea.

Pasa gruñendo
el supermastodóntico
camión carguero.

Es el tatuaje
justo una cicatriz
que torna en arte.

Canción norteña:
del mero corazón
arde esta leña.

Me pegó grueso
el cabrito al pastor
desde muy huerco.

Siempre a cerveza
con harto escalofrío
hay quien la atienda.

Es ya un sujeto
cuera tamaulipeca
en el perchero.

Nada se excluye,
porque un beso total
la boca incluye.

Oh, son del alma
la morada divina,
por Dios, las nalgas.

El fiel espejo,
eres tú quien lo engaña
y no el reflejo.

Mantén tenaz
una verga encendida
ahí en tu altar.

Cantautor dizque
es escritor que canta,
cantor que escribe.

Prefiero ser
escritor de canciones,
songwriter, pues.

Aquel poeta
que no sabe de música,
no hace letras.

Analfabeta:
músico que no sabe
nada de letras.

Lira es guitarra
de una lírica empírica
y autodidacta.

Conocimiento:
amplificador es
de tu instrumento.

Solo no toca,
uno es el instrumento
que lo provoca.

Lo que me agrada
más de todo mi cuerpo
es la guitarra.

Computadoras
no hacen canciones
por ellas solas.

De ahí no sales,
es tu compu tu compa,
¡'uta, qué padre!

En singular
soy plural yo contigo,
mi soledad.

Calles de noche:
un silencio ruidoso,
sin gente, se oye.

A veces hay
aplausos que son besos
y al cielo vas.

Muy venenosos
o, bien, alucinógenos,
en todo hay hongos.

Tiene tus placas
aquel atropellado,
hoy un fantasma.

La culpa: madre
de ese ser retorcido
que es el chantaje.

Detrás del macho
hay un respetadísimo
gran matriarcado.

De misoginia,
lo opuesto viene a ser
místeroginia.

Entre el oleaje
de tu piel, voy al grito
de: ¡Al abordaje!

Visión celeste:
parvada de bisontes
tras de su muerte.

Charlamos mucho
y es bella toda ella,
vestida incluso.

Ojos oscuros
recuerdo claramente
contra aquel muro.

Para la díscola
frigidez masculina
no hay una píldora.

La disfunción
debe continuar, pues,
sin erección.

No se me para
no es lo mismo que, bueno,
no siento nada.

Viejo perverso,
oh, redundancia, entonces,
¿con qué me quedo?

Si la libido
marcha, libidinoso
es un cumplido.

Fue que en honor
a la verdad, mentiras
dijo el señor.

Hoy desechable,
el amor cierta vez
fue retornable.

¿Será quizá
que la reencarnación
es reciclar?

Interna alarma
que casi nunca se oye
es el tal karma.

Espero te ame
el otro que seré
yo con Alzheimer.

Bellas batallas
de sábanas al suelo
deshacer camas.

Carpintería:
hacerle a taladores
sana justicia.

Las fantasías
eso son y si no,
son cosa fina.

Fueron delicia
para el Marqués de Sade
las porquerías.

Sí, cantar duele
y es dolor placentero
para quien siente.

Hay sordos que oyen
la música a través
de lo que cogen.

Y hay, en efecto,
sordos que oyen mejor
que cilindreros.

En tu indolencia
un libro te hará libre
de tales rejas.

Un kamikaze
contra el altar seré
cuando me case.

Que un arco iris
arranque de mi vientre
el harakiri.

No es un orgasmo
eyacular tan sólo
por aplacarnos.

No a cualquier taco
lo designes banquete,
dicen los sabios.

Vampiro honrado
jamás entrará a donde
no es invitado.

No has de librarte
de caer en la hipnosis
de un conde amable.

Es apreciada,
mucho, la buena sangre
en Transilvania.

De sangre azul,
la tara hereditaria
luce el glamour.

Cada purista,
arriba, abajo, en medio,
sólo es racista.

Bien se resguardan
los genes a través
de la amalgama.

En estos necios
países de crueldad,
matan al genio.

No es justo estéril,
el peor de los insultos
es el de imbécil.

¡Tan imponente!,
creyó ufano escuchar
el impotente.

Ser semental:
oficio que ejercita
un ser mental.

Semen es esa
materia gris que escurre
de otra cabeza.

Sueñan con óvulos
los espermatozoides
en el vestíbulo.

Siempre el escroto
me recuerda que vengo
de un viejo esbozo.

Nada se crea,
tampoco se destruye,
en la chaqueta.

Está el abismo
justo ahí, dentro y fuera
de uno mismo.

Prefiero un loco
derrame seminal
a cualquier otro.

En el abismo
aprendes a planear
o a hacerte añicos.

Bien hasta el sexto
año de la primaria
está el incesto.

paramecio

El muy autócrata
llamado Rey del Cash
es un circópata.

Odio no sólo
me ha dado la miseria,
tengo amor propio.

Polvo de letras,
las páginas son alas
que al vuelo dejan.

Sus tripas cantan
cuando rasgo las cuerdas
de mi guitarra.

No tiene cuerpo
de mujer la guitarra,
más bien lo opuesto.

Uno desea
tocarlas y arrancarles
música interna.

En la flaqueza
una gorda cachonda
te saca fuerza.

Tienes que hacer
de tripas corazón
cuando no hay fe.

Pienso, sin duda,
al verte con la escoba,
que has de ser bruja.

Hada madrina,
desnuda Cenicienta,
no necesitas.

Prendí la luz
a la mitad del sueño,
no estabas tú.

Siendo ilegal,
¿cómo vas a exigir
legalidad?

Pide el abrupto
clandestino destino
no ser un bruto.

Ser insurgente
se le da a un inconforme
inteligente.

Sucia pericia
cuando la ley comete
una injusticia.

Como en el tango,
negociar no es delito:
se baila entre ambos.

Un malandrín
suele llegar a ser
un mandarín.

La fuerza obrera
está entre las hormigas
y las abejas.

Sueños que pesan
con coreanos coreando:
¡Viva la huelga!

Medio mamut,
un fósil jorobado
se halló en Beirut.

La que despierta
y me levanta ya,
es una idea.

Abrir los ojos
es igual que volver
a inventar todo.

Murió la magia,
sólo el sol solitario
a oscuras vaga.

En la terapia
estás tan ocupado
haciendo nada.

No eres el centro,
pero el resto del mundo
no está existiendo.

Insustancial,
no es lo mismo que el ego
la vanidad.

Individual,
ego es alma y columna:
la vertebral.

Estos slogans
medio en broma no llegan
a ser ni koans.

Los reflectores
te los quitan rivales
que son menores.

Sube el hornazo
de lo que se cocina
pisos abajo.

Del inframundo
lo que llega a tentarte
son sus efluvios.

Amanecer
con la mecha encendida
es un placer.

Sólo la piel
con la vela apagada
es la que ve.

Celos al viento
son piquetes de avispa
tras tu pellejo.

Alguna vez
una dulce monserga
pude querer.

Es narcisismo
amar al semejante
como a uno mismo.

Buena persona
suele ser confundida
con gente boba.

Dizque quien calla
es por la pendejez
o es gente sabia.

Digo en verdad:
quienes sigan mis pasos,
mal bailarán.

El mejor precio,
si te ofrecen trabajo,
es el aprecio.

Monoteísmo
lucha en la arena contra
Politeísmo.

La poligamia,
evidente, la envidia
la monogamia.

Lo más turbante:
es el confesionario
zona excitante.

En la entrepierna,
al lado del diván,
una libreta.

Stéreo sexual
suena diverso a sólo
lo monoaural.

Monotonía:
la cotidianidad
cual tiranía.

Monotemático
el simio semidios
es catedrático.

Tu talismán
es la pequeña efigie
de Kalimán.

Tú, tan mamón,
te ves cual faraónico
Tutankamón.

El mexicano:
monolítico y pétreo
como el Estado.

Hay frutos secos,
también los hay jugosos
y algunos muertos.

El chocolate
sueña estar en un mole
con cacahuates.

Ser pavo real,
el guajolote pide
en Navidad.

Wacha el fusil
de la migra, en la mira
el lobo gris.

Si aquél va y viene
sin atender frontera,
es que es su ambiente.

Allende el río,
el wetdream del wetback:
el Sueño Gringo.

Es halagüeño,
si sabes a qué sabe,
ser frijolero.

Hálito, aliento,
alma, último suspiro:
that is the question.

Este es mi lema
en el escudo de armas:
Al Miedo enfrenta.

Si es de burgueses
la buena ortografía,
heces mereces.

Cursis versitos
hay en la propaganda
de un nerudito.

Libre en la farra,
en coherente violencia,
Violeta Parra.

Es masoquismo
penitencia de azotes
y cristianismo.

¿Por qué sufrir
si lo más subversivo
es sonreír?

La Mona Lisa
bien que azuza a las masas
con su sonrisa.

Cantar de efebos
al principio fue el Rock
y aún no ha muerto.

El hombre antiguo:
un joven con arrugas
que es como niño.

El sexo cura
las tensiones de usar
sotana dura.

Ayuno obseso,
anorexia, bulimia
y allá nos vemos.

Tu propia historia
escribe y hallarás
pasión y gloria.

El Santo Oficio
solamente causó
el sacro vicio.

La misma celda
comparte el celador
con quienes cela.

Alarma tétrica:
colibrí rostizado
en silla eléctrica.

Sonidos raros
surgían de aquel rostro
llamado Radio.

Televisión
que no imagina es mueble
en disfunción.

Celular, móvil:
un consentido niño
terrible indócil.

Hasta el Nirvana,
cierta escopeta envió
al que cantaba.

Maestro en ciernes,
ojo con las pupilas:
sus golpes duelen.

Peluche nuevo,
punching bag al final,
bonito juego.

Un pedagogo
corre el riesgo de ser
gran demagogo.

Olvido aquel:
un anillo de bodas
en el motel.

Pequeñas cosas
narran desde el silencio
grandes historias.

Se llevó el viento
lo malo que creímos
buenos momentos.

Sin nada nuevo
oíste por seis años
los mismos cuentos.

Vino a arrullarte
una canción de cuna
sin despertarte.

No me preocupa
que nombres mis defectos,
sino que te hundan.

Crece hacia adentro
al calor de los traumas
el tumor nuestro.

Hay una puerta
a la mitad de todo
o nada abierta.

En los ayeres
fuimos fuego y ahora
hielo que hiere.

Cada detalle
hace dentro del cuadro
toda una imagen.

Es pitorreo,
en fiesta de arlequines
nada va en serio.

Intimidades
al común tendedero
salen a orerarse.

Sexogenarios:
lolitas cuarentonas
es lo indicado.

Viejas almohadas
van rellenas de sueños
a la chingada.

Mi cara triste
de repente se cae
y te sonríe.

Este suicida
en la nota se culpa
de autohomicida.

Las manos cuentan
lo que la boca oculta
tras de la lengua.

El humor negro
es una redundancia,
de otro no entiendo.

Los ojos no,
es del alma el espejo,
más bien, la voz.

El nigromante
con sus encantamientos
es buen cantante.

Aquellas fiestas
con íncubos y súcubos,
sí que eran buenas.

En lo más hondo
del bosque, hay duendecillos
con cara de hongo.

En la azotea
de tu cabaña, ninfas
revolotean.

Negras y güeras,
siempre son bienvenidas
las hechiceras.

Caras verás
que detrás de una máscara
enseñan más.

Muy dentro de uno
está, con sus espectros,
el otro mundo.

A hacer el jugo
con su media naranja,
jugando estuvo.

Caviar por hoy,
dueña de mis miserias,
me irá mejor.

Perros ferales
regresan al baldío
a ser salvajes.

Escarabajos
son insectos con ritmo
que al Rock cambiaron.

Don Dylan Zimmerman,
pariente de Bob Thomas,
es un buen bíznesman.

La rebeldía
surge, hasta hoy, del sexo
con brujería.

Bruja en la cama,
aprovecha, que, al rato,
vuela la dama.

Ten vida eterna,
Tomás de Torquemada,
en una hoguera.

Arte de hacer
de la paciencia ciencia:
taza de té.

Si a lo extraviado
le transpones tu mente,
has de encontrarlo.

Era una troj,
tic, tac, grano por grano,
un gran reloj.

El sacapuntas
le quita y le da vida
al que tritura.

Inquisidores,
cómplices del pecado
son los mejores.

No tanto peca
el que mata una vaca
como el que becan.

La oxidación,
inherente a lo vivo,
es corrupción.

Si cae de arriba,
la mierda no es deseada
ni aun bendita.

Sin bigotito,
pero igualito a Hitler
el pejecito.

En la diatriba,
difama y venderás
es lo que prima.

Pese al escándalo,
un descreído afirma
a Dios negándolo.

Cuestión de credo:
la hostia y el martillo
se dan de besos.

Abracadabra:
escupir hacia arriba
te descalabra.

Un beso es eso:
fascinación, costumbre,
traición, deseo…

En tu entrepierna,
del silencio al suspiro,
hablo otra lengua.

Me gusta estar,
desde el zaguán al fondo,
ahí en tu hogar.

¿Existes luego?
¿O serás la invención
de mi amor ciego?

Allá en mi infancia,
te amaba tanto como
acá en tu cama.

Es un maleante
que te roba las ganas
el mal amante.

Por el desierto
caminaba con ella
sembrando huertos.

Cuarenta y algo
mi a- gogó girl lucía,
yo veintitantos.

De aquella jaula
te fuiste liberando
mientras bailabas.

En sexo es obvio
que el éxito es el éxtasis
entre ambos todos.

Ya no hay motivos,
sólo estamos leyendo
lo que escribimos.

Unas tijeras
que cortan lo invisible,
es nuestra ausencia.

Lo que no atiendes,
puede crecer a solas
en otro frente.

Ser incluyente
es misión imposible
con excluyentes.

Capital pena
a quien diga en Hungría
que Buda apesta.

No era hacer en,
es la Revolución
en sí el café.

Al Minotauro,
en cada librería
de viejo, asalto.

Si bien lo tratas,
el cajero automático
te escupe lana.

Del faje en brama,
el sofá en la banqueta
es un fantasma.

Sigo lamiendo
los labios de tu foto…
se van abriendo.

"Donde hay confianza,
apesta"…Y peor aún,
la suspicacia.

No es sólo uno
tu día sin mi noche,
es medio mundo.

Perdiendo status,
un vampiro con tos
es Tosferatu.

Hay diccionarios
que merecen la befa
por reaccionarios.

El Dinosaurio
Larousse, fósil viviente,
es bien amado.

Tirando barrio,
como en Durango dicen,
se jacta el bato.

Hombre o payaso,
más que dilema, a veces,
es un pleonasmo.

Un ditirambo
puede llevarte a nunca
querer más mambo.

Pasa la vieja
arrancando piropos
de otra era.

Ciertos jardines
donde ya aquellos árboles
son serafines.

Este papel
en el origen y hoy
un árbol es.

Hay misteriosas
sombras que arrojan luz
y luces sombra.

Ciego palpé
tu radiante silueta
y pude ver.

Observé al sol
deseando iluminarme
y me fundió.

Aquel perfil
de filo filosófico
como de alfil.

Mi paranoia
camina como signo
que me interroga.

Muy verde y vano,
un plátano banal
no da potasio.

Con esas ínfulas,
muy autocensurado
hizo películas.

Se nota a leguas
un twist de hipocresía
en la decencia.

Del melodrama,
fingiendo surrealismo,
se pitorreaba.

Una pandemia
puso al planeta al borde
de la decencia.

Don Luis Buñuel,
toda la Vía Láctea
es para usted.

Sin ironismo,
es genial el concepto
sospechosismo.

Un premio darte,
puede ser el principio
de aniquilarte.

Redes sociales:
¡Cuánta gente decente
y tan castrante!

Hay vivos muertos
que hablan y es más profundo
su aburrimiento.

Redes sexuales:
¡Cuánta gente indecente,
pero con madre!

Quieres ser rata,
mas, para parecerlo,
ponte corbata.

Para torero
no hay que aparentar, niño,
tírate al ruedo.

Vaquero viejo,
querida, ya no se anda
más con rodeos.

"Gallina vieja
hace buen caldo"…Y gallo
ruco, ni a fuerza.

Sales del pozo
cual si fuese tu cuerpo
un calabozo.

Antes de ser
un delito, los niños
iban a usted.

¡Fuera de aquí
y dejad que las grupis
vengan a mí!

La buena siesta
es un rápido viaje
por las estrellas.

Para la cena
fue que ardió en leña verde
esa sirena.

Pagoda en llamas,
¿quién te hizo esto en tierra
tan mexicana?

Y se paseó
por el Arco del Triunfo
y se orinó.

Tras de robar,
fieles a la costumbre,
¿por qué cagar?

Se hunde y goza
en la escatología
el compatriota.

Hay en el traje
del ser civilizado
un buen salvaje.

Al licenciado,
lo bajaron del cerro
a tamborazos.

Vacas sagradas
en paraíso gaucho
son bien asadas.

Héroes de Aztlán:
¡Vamos al Infinito
y Mazatlán!

De buen disfraz,
un satán con sotana
es Sotanás.

Aunque almas puras,
de que los hay, los hay,
no creo en los curas.

¡Lo que es ahora!:
Se ven con caras pálidas
los pieles rojas.

Como ataúd
pidió ser enterrado
en un laúd.

Al niño asombra
y sigue ahí jugando
él con su sombra.

Niña en el lecho
no juega con muñecas,
sí con su cuerpo.

Freudiano caso:
del diván a la cama
hay sólo un paso.

Lo que es un riff
para el Rock, un haikú
encierra en sí.

Precoces hay
que a la larga resultan
entes de atrás.

Mamá decía:
"Nadie muere en la víspera"...
Y renacía.

El fin del mundo
nada más lo presencia
el moribundo.

Papá espetaba
burlón: "¿Cómo te caigo?"...
Y respetabas.

Aparecían
por aquella hoja en blanco
signos de vida.

La mano escribe
mientras la inatrapable
sorpresa existe.

Vienen ideas
de adentro o del volátil
fondo de afuera.

Sé que los libros,
letras muertas aparte,
son seres vivos.

Rencor excelso,
culto al amarillismo,
todo un proceso.

La raza cósmica
devino, y va sin celos,
la broza cómica.

Convivo en libros
con grandes solitarios
de varios siglos.

Sombra y luz luchan,
gótica catedral,
en tu penumbra.

La Magdalena
alegró la aburrida
Última Cena.

Calma sin viento
y de pronto llegaron
los sarracenos.

Se seca el sexo
por desuso y por uso
se moja el seso.

No soy un brujo,
quítenme la capucha,
soy el verdugo.

¡Oh, pecadores,
qué tortura son como
predicadores!

Me lancé al bar
tras el mensaje en una
botella más.

Tras de la puerta
no es lo que te imaginas,
toca madera.

Nunca saldrá
un amante de clóset
a desfilar.

¿Habrá activista
que al exhibicionismo
se le resista?

Desde la cuna
vientos huracanados
hasta la tumba.

"Genio y figura",
dice en el epitafio
su sepultura.

No hay camposanto
que no lo fertilice
polvo de diablo.

Ya brota bronco
de las míseras vísceras
el cante jondo.

Por estos cerros
procreó un aire del mar
al son huasteco.

Voz solitaria
desde la celda entona
la carcelaria.

Colmo del limbo
que en la frontera un pueblo
sea Presidio.

El buqui bishi
con la bishola al aire
es buti hablishi.

Danzando siempre,
son como venaditos
aquellos plebes.

Arrugas rancias
muestran los edificios
en sus fachadas.

De infierno adentro
me arrancaste, princesa,
con sólo un beso.

Al beso negro,
ósculo oscuro llaman
los muy correctos.

Forjó el nihilista
supersticiones propias
muy fetichistas.

Si un sindicato
grita: ¡Viva la hueva!...
es mexicano.

En esta secta,
disculpe, no se admite
la mente erecta.

¿Qué solitario
fue el que diseñó el hosco
logo estepario?

La danza aquella
no envió la lluvia sino
la regadera.

¿Es el correcto
un compañero de ano
o es incorrecto?

¿Acaso el buga
desaparecerá
con rumbo al Buda?

Bancos de esperma:
negocio que se viene,
gente homogénea.

Almas livianas
que pegadas levitan
son estas damas.

Confundió el lépero
diciéndoles transgénicos
a los transgéneros.

Ente espacial
es, por sus genitales,
ovnisexual.

¿A quién reclama
que no pidió nacer
la octogenaria?

Siete años menos
de vida si te agarra
el sol naciendo.

Por los sarcófagos
se nutre de vampiros
algún necrófago.

Cuando del cuerpo
me quites toda el agua,
seré desierto.

Aquel oasis,
un campo de exterminio
hizo ese nazi.

Quedó de novia
vestida para siempre
aquella momia.

Las religiones
son culturas, países
y pasaportes.

Sé que la letra,
dadagú, dadagugu,
con ritmo entra.

Mi amigo caro
fue que literalmente,
rip, chupó Faros.

Si suena a oda
que la lengua es la raza,
una son todas.

¡Viva Vivaldi,
amo a Mozart, Get Bach
y Garibaldi!

Afirmación,
negación, somos pura
contradicción.

Plano no es
el planeta aunque ignores
su redondez.

Dijo el hereje:
Bien, la cabeza es plana...
¡pero se mueve!

Con Galileo
estas hetairas bailan
por su meneo.

Bache por bache,
tope por tope y nunca
hubo retache.

Toda revancha
te lleva a preservar
la especie en rabia.

Un microscopio
nos lleva al cosmos donde
es telescopio.

Siempre de juerga
esos Siete Onanitos
y Blanca Niebla.

Sueño mojado
cual polución nocturna
suena asexuado.

Son naturales,
al sentirte, estos fuegos
artificiales.

En la intención
queda algo aunque no exista
la perfección.

Observarás
que es un signo en suspenso
el alacrán.

Las cazadoras
que sirven al huevón,
son unas leonas.

Arena al aire
del Sahara, al Amazonas
fecunda ondeante.

Mosca de mierda
no viene a ser insulto,
es quintaesencia.

En ella misma,
al acecho una gárgola
lleva la diva.

Andando a gatas
en un bazar, recuerdo
aquellas faldas.

Romance obrero:
el trino de las fábricas
en un bolero.

Plato de arroz,
lentejas y cebolla...
bésame, amor.

Dice el Tarot
que músico pagado
toca panzón.

Ciego el ratón,
bien se dice murciélago
en docto argot.

Veo a mi madre,
el espejo de mano
guarda su imagen.

Tanto alardear
para venir del vil
latín vulgar.

Absorto mira
al triángulo equilátero
un voyerista.

Date a ti misma,
juguetón el slogan
se lo decía.

Lamer lamentos
ya no quiere escucharse
con ciertos viejos.

No decir nada
jamás ha requerido
de usar palabras.

Ya sin la túnica,
de pronto se sintió
persona única.

Siendo un pedante,
no muy gregario el tipo,
cagaba aparte.

El liberarte
no es morir, es nacer:
vivir es arte.

Al reducirte
al átomo y la síntesis,
vas a expandirte.

Por aburrida
entró a la Dimensión
Descolorida.

Gente sin mente
lanza juicios mediocres
rotundamente.

Tú me exprimiste
como un limón, por eso
agria te hiciste.

paramecio

Oído interno:
otórgame más música
para estos versos.

Ser vivo albergas,
estuche de guitarra,
féretro a cuestas.

Las letras vivas
son sonidos visuales,
palabras vistas.

En charco miope,
érase una sirena
un ajolote.

Qué buen chiste era,
antes, sacar conejos
de la chistera.

Va con mochila
camélida a la escuela
la jorobita.

Es un campeón
en esto de la moda
el camaleón.

A todo el orbe
enviamos otro invento:
el guacamole.

La democracia
es mito en lo que ocurren
otras desgracias.

Aun callado,
noble y fina presencia
es la del piano.

Lava en las venas,
volcánico carácter
tenía ella.

Con el mesías
se volvió el antihéroe
protagonista.

Aldea global
es pueblo chico, infierno
descomunal.

Corte en el foro,
fue la última escena
y luego el rollo.

Sabueso nato
le busca hasta en el culo
tres pies al gato.

De fuego eterno
hablarle al esquimal,
es como el cielo.

Nadie alucina,
el más vil de los hongos
fue el de Hiroshima.

Con una mueca
de horror llega a encantarte
una muñeca.

No falta un sapo
mendigándote un beso,
reina en harapos.

Tu acto fallido
nada más fortalece
a tu enemigo.

Dios es burgués,
yo soy un pobre diablo,
dice Luzbel.

Yo los adoro,
bellos ojos nipones
nada redondos.

Bastante locas,
viejas beatas deambulan
por la parroquia.

Hembra Cleopatra,
que a tanto macho egipcio
has dado patria.

Fue en un sabbat
donde la conocí,
su majestad.

Por dentro incluyo
no sólo al sobrio, al ebrio,
sino hasta al crudo.

¿Violar al cielo
hizo el primer avión
alzando el vuelo?

Contigo todos,
explosión democrática,
van contra todos.

Pueblo fantasma,
tierra de nadie, miedo,
no pasa nada.

No es que me turbe,
pero no encuentro un alma
en la gran urbe.

Cambiando el tema,
en rigor, no hay sinónimos,
pero hay cervezas.

Zugarramurdi,
¿qué fue del aquelarre
y de Walpurgis?

Va para el prado
del gran macho cabrío
el brujo vasco.

Llega a ser vicio
meterte por el cuerpo
tanto ejercicio.

Agua de más,
al organismo mismo
puede inundar.

Todo en exceso
dizque debe evitarse,
menos el sexo.

De un toque estoico,
pasé luego al contagio
del paranoico.

Con tanto reven,
hasta por la nariz
te metes nieve.

¡Hey, hai-ku-leros!:
Así saluda un pocho
japonés ñero.

Una canción
es, simple, letra y música
con corazón.

Los guantes mueren
si no vuelven aquellas
manos ausentes.

No te hagas güey,
vente a inflarle el pulmón
al buen maguey.

No es esa trompa
lo que hace al elefante,
es la memoria.

Uno imagina
las cuarentaiocho horas
del día a día.

A medio sueño
a veces se adelanta
algún recuerdo.

Un déjà vu
pareciera bromeando
decirte: ¡bu!

Alquimia única:
a la literatura
lleva la música.

De buena fe,
insociable, sociable
pretendo ser.

Razón social:
animal de escenario
irracional.

En el tablado,
memoria corporal,
tú me has salvado.

Tras exhibirnos,
voy por mi anonimato
y su equilibrio.

Al personaje
ya cuelgo en el perchero,
vuelvo a ser nadie.

Quinientos uno,
como aquella gran Máquina,
mi tren nocturno.

EL CANTAR DE CASIMIRO

I

A ciegas ando en la senda
y voy para Tejeringo,
el chico es mi lazarillo
porque le saco a la mierda.

Pisar tierra firme es l'onda,
hasta presumen de sabios
quienes cruzan los pantanos
sin manchar su linda cola.

Preferiría que pasen
a parar ahora oreja
a lo que diré sin quejas
ni chantaje, ya lo saben.

Aquí empieza mi delirio
y aunque yo no soy Homero,
canto estos versos yo mero:
don Zegatón Casimiro.

No nací, a mí me abortaron
incompleto, un tanto cucho,
nunca vi la luz y oscuro
me salvé de ser nonato.

La infancia pasó corriendo
entre muchas zancadillas,
tropezones, burlas, risas
y a mentar madres que empiezo.

Pero en eso creció un pelo
en la palma de mi mano,
Manuela y sus cinco hijastros
fue el primer amor sincero.

Yo mero digo, y no Borges,
ah, qué bella adolescencia,
La Lisiada y la Horrifea
fueron mis novias entonces.

Pero que conste en el acta
que acto de gorra es insulto,
que pa' padrotes los juniors,
hijos de su regalada.

Y por favor, tomen nota:
yo limosnero ni madres,
más sabe el ciego por faje
que hojas, Petra, ¡qué nalgotas!

Ay, corazón, ¿qué no sientes
que mi brocha a tu fachada
para darle otra pasada
ya se acerca muy decente?

Porque tengo mucho tacto,
con la yema de los dedos
y las claras de los huevos
cada poro te destapo.

Y si sudas frío, güera,
te caliento el bóiler tuyo

y tus cantos aleluyos
abrirán la regadera.

Pásame el jabón, que al suelo
resbaló desde mis manos
y no seas malpensado
que agachado me doy vuelo.

Me da igual atrás que en ancas
a la altura de estos trotes,
sólo lo hago por deporte,
por mis canas y mis ganas.

En mi ranchito natal
el que no es puto es mayate,
por eso y otros detalles
fue que me vine pa'cá.

Pues se dejan por ahí
más que corazones, culos
y uno que otro ruco
chichifeable de postín.

¡Huevos, qué tiempos aquéllos,
señor don Simón, Pedrito,
ese profesor Mayito
y el doctor Florindo Bello!

Todos tan rebién casados
con sus fodonguitas boas,
cuando hace agua la canoa
tapaderas no han faltado.

Y también hay las mamfloras
con panocha por seis meses,
luego en otros tantos crece,
según cuentan, pura ñonga.

Mas yo no lo sé de cierto,
lo sospecho y bien calculo,
échenme agua que ando crudo
y en seguida se los cuento.

Cuentan que de muy antiguo
hubo un ser con ambos sexos
y el marisco fue el ejemplo,
óyeme, ¡qué buen principio!

Entre ambiguos, cual gitanas,
no nos preocupa el destino,
el aceite nos medimos
y nos leemos las nalgas.

Sexo es cóncavo y convexo,
eso dicen los científicos;
pero, ¿qué dirán los místicos?
Debe haber algún acuerdo.

Si el Señor al crear el orbe
a imagen y semejanza
suya, vaya, acá en confianza,
¿era Dios hermafrodonte?

¿O antes de autodividirse
este Ser Supremo célibe,

hubo esa partenogénesis
que la Biblia no describe?

¿O será el Todo metáfora
y la Nada nos espera
siempre al fondo a la derecha
por la ruta ultracoprófaga?

¿O, de plano, por sus bolas,
como en chunga vanguardista,
transgenérica, atrevida,
fue que se hizo la jarocha?

Mejor, pásame ese viagra,
que por la testosterona
derramada en tanta copa,
creo que ya no se me para.

Con el vino y con la hostia,
con la hoz, con el martillo,
entre rojo y amarillo
voy quedando como momia.

Por ceder yo mis ideas
a las dizque ideologías,
fui perdiendo día a día
mi muy real independencia.

Sólo quiero que poco antes
de que se me independice
la memoria y me hipnotice,
invitarlos a mi Alzheimer.

Donde seguiré con dudas
abordando de por vida
la cuestión con testa fría
de morir entre preguntas.

Preguntándole a mis tías
el origen del humano,
pasaré las veinticuatro
orangutanas del día.

Dirán ellas que venimos
de la pobre madre Eva,
que madreada y con diarrea
engendró un fruto siniestro.

Aunque partidarios férreos
más de Darwin que de Adán,
francamente afirmarán
que fue el mono el padre nuestro.

A un acuerdo llegarán
el creyente y el ateo,
porque sí es que descendemos
del mono de Eva, Adán.

Ay, Adán, Adán, mi cuate;
ay, mi buen, ¿quién lo diría
que, al final, de tu costilla
surgiría una primate?

¡Y esos hijos ejemplares!
con Caín y Abel en celo,

lo contrario del incesto
es matarse entre carnales.

Humanidad, ¡cuánta Guerra
entre familia, qué agravio,
que ni el mismísimo Octavio
Paz nunca jamás encuentra!

Humanidad, ¡cuánta envidia,
melodrama en el bolero,
en el tango y hasta Lennon
y Mc Cartney se asesinan!

Uh, mano, ¿de qué te quejas,
si el que por su gusto es güey
llega a donde el tuerto es rey
a lamerle las orejas?

Uh, mana, ¡tan diferente!,
¿por qué dices igualdad
si es la superioridad
lo que en realidad pretendes?

Y si es sólo por joder
el exigir coaccionando,
venga de arriba o de abajo
es abuso de poder.

Porque como lo dirían
en la lucha de otras calles,
si es que hay ley somos iguales
en la diferencia, amiga.

Las reglas del juego no
siempre van a respetarlas,
dale una ley pa' violarla
al que aulló la ley soy yo.

Además de un tanto sorda,
dizque la Justicia es ciega
y al andar nomás a tientas
se hace de la vista gorda.

Dictadura es una sola,
no hay ni buena ni nociva;
oficial o alternativa,
demagogia es demagogia.

Si te ordena alguien, de plano,
de que sí o que no reírte,
el fascismo, es de advertirse,
va empezando desde abajo.

Puro choro estrafalario,
me dirán y he de parar;
no me vayan a apodar
el Rollero Sanitario.

Autocensura es censura
sugerida por la masa
de la red totalitaria
que a tu intimidad anula.

Y pasando a otros asuntos,
parece que va a llover;

basta un ojo para ver,
cuídate, pues, del de junto.

Nalgas contra la pared
por el que anda en pos del culo,
pero si te encanta el puro,
fúmate éste de una vez.

Has de ver que estas bolitas
se hacen sólo pa' robar,
sóbale pues, carnaval,
si te gustan peluditas.

Pese al chingo de planicies,
bien redonda que es la Tierra,
aunque abundan las cabezas
que son planas, huecas, grises.

Pero áhi andan a las vivas
siempre haciéndola de pedo,
dicen que no hay peor pendejo
que el que tiene iniciativa.

Extramuros me lo dijo
ese gran hermano Neyo:
"Hacerle caso a pendejos
es engrandecerlos, m'ijo".

Y es preciso en la vagancia
en la que se aprende un resto,
y de pinta en pinta, en eso,
hice así la secundaria.

Arribé a la prepa luego
tan cerrero cual cowboy,
traigo aún aquel olor
a alfalfa, vacas y estiércol.

Y aquí viene en un destello
lo que llaman un flashback,
como decir tiempo atrás
cuando apenas era un huerco.

Me inició al placer divino
jugueteando en los portones
ella que tenía once
y yo más o menos cinco.

Un domingo que salieron
sus papás y sus hermanos
a pasear por el mercado,
me citó a aquel aposento.

Ella a solas en la casa
se quedaba y señaló
el fundamental rincón
y nos fuimos a la cama.

Se subió, sin más rubores,
la faldita hasta el ombligo,
se bajó los calzoncitos,
yo mis cortos pantalones.

Empezábamos, sin más,
a inventarnos este rito

cuando interrumpió ese ruido
en la puerta principal.

Eran ellos, la familia,
y ella me aventó hasta el suelo
y, con rapidez, al vuelo,
se arregló la figurita.

Atajolos en la entrada
mientras controlé el esfínter
 enredado en calcetines
con rodillas bien raspadas.

Y poniendo unas caritas
más de frailes que de Braille,
dimos la impresión deseable
de jugar a la escuelita.

Mi maestrita entonces dijo
en un tono doctoral:
"Mi deber es enseñar
a leer a este cieguito".

¡Oiga, usted, pues cómo no
adorar a la mujer
y con ella, de una vez,
la literatura, oh, Dios!

Para mí no fue un abuso,
porque peor que analfabeta
es un ilustrado a medias
y áhi sí, buso, caperuzo.

La mujer es sabia en sí,
dueña de la inteligencia,
se les da desde pequeñas,
no lo pienso discutir.

Hay que ser buen perdedor,
nos dejaron, desde siempre,
a los hombres solamente
el sentido del humor.

El sarcasmo es de los débiles,
de los bobos la ironía
y la risa retorcida
de complejos tan estériles.

El sentido del tumor
en ambientes represivos
crece, y es muy invasivo
tu humorcito, corazón.

Lo correcto, lo incorrecto,
si anormal la norma espantas,
si la cagas o te aguantas
es cuestión, más bien, del recto.

No es pa' mí la recta vía
ni marchar como conscripto,
me exentaron del servicio
por mi mala puntería.

Árbol que no se endereza,
no es que sea malnacido;

hay quien anda retorcido
sin culpar a la ceguera.

Se me da muy bien la crisis,
su trabajador soy siempre;
el camino fácil viene
siendo más bien el difícil.

Mal oído yo no tengo,
como ciego pa' algo sirvo,
aunque bien conozco a un chingo
con oído de artillero.

Músico, poeta y topo,
soy, y si valgo sorbete,
préstame, pues, los aretes
y a jalones te compongo.

La farándula es champán
y alipús al por mayor,
sexo, drogas, rockanrol,
chicharrones y caviar.

Crema y nata, mota y coca,
¡qué magnífico ambientazo!;
nadas en el estrellato
y el pez muere por la boca.

Empiezas con Sólo Soda,
luego vienes terminando
por el callejón pateando
un bote de Coca Sola.

Como dicen, Dios castiga,
y hay algo peor que un ateo
cuando el buen vicioso, en eso,
termina de moralista.

Sin embargo, entre leyendas,
¿quién te quita lo rolado?
Y piedra que va rodando
no cría musgo, me cuentan.

La bohemia es nuestro claustro,
de película es el rito,
se llama Ustedes los Tríos,
Nosotros los Rockers, mano.

Radio y sinfonola juntos
me engendraron una noche
yendo del susurro al tope
del volumen y los bulbos.

Y la música, ya entiendo,
mi querida amada amante,
es el arte de sacarle
los sonidos al silencio.

Por el cuadrante, a lo ancho,
entre estática y estética,
sigue dando la genética,
baile y baile, buenos pasos.

En bailar y hacer el oso,
es celoso bipolar

el que no deja bailar
con la novia y no es su novio.

2020 de la infamia,
año cero, hay que decirlo,
en el real cambio de siglo
arribó el Oso Pandamia.

Ser la primera camada
los milenials se creían,
resultando la ultiminia
de la centuria pasada.

Global totalitarismo,
más que las redes sociales,
a todos nos hace iguales
el fockin coñongabicho.

Así se corona un virus
y empieza en su monarquía,
pariente de la anarquía,
a darnos moronga-rictus.

En este toque de queda,
para librar la amenaza,
la paranoia y el ansia,
nos queda la eterna peda.

El pinche virus viral
que ronda el ciberespacio,
tal como aquel Gran Hermano,
no sabes ya si es mental.

Sentimental es el toque
del caballero que fuma,
mientras la dama se esfuma
con sementales sin nombre.

¡Qué bella época loca
en que buen Sancho uno era
de puerta en puerta trasera
sin condón, sin cubrebocas!

Saludo de beso aterra,
sin brazos se da el abrazo,
a palos con taparrabos
la insana dizque ansia impera.

Ojalá llegue a su tumba
este gran aburrimiento,
que venga ese nuevo tiempo
aunque no lo vea nunca.

Que se ahogue en su bostezo,
en la sofocante sombra
de la alerta celadora
y en sus pútridos encierros.

Hiperventilado en ésas,
hasta el cuello su diafragma,
que en su propia taquicardia
este tedio al fin fenezca.

En la automarginación
es hora de imaginar

y dejar este letal
campo de concentración.

Dicen que del caos vino
la creación y el mundo es lodo,
arrabal de los apodos
que nos nombra y da destino.

La barriada es tan creativa
con su ingenio cruel muy fino,
por llamarme Casi-miro
el Poca Luz me decían.

Solamente es un ejemplo
y dispensen este afán
de que aquí en el funeral
uno quiera ser el muerto.

Es nomás para espantar
al fantasma que nos tienta
y hasta a predicar te avienta
en la arrogante humildad.

Suele estar oculto, en ésas,
en un humilde un tirano
tiranetas cual enano
con delirios de grandeza.

El chantaje del humilde
son esas cortinas de humo
que te envuelven por iluso,
como de Iván el Terrible.

¿Para qué temerle al ego
si es columna vertebral?
Entre abajo o arriba estar,
es el equilibrio nuestro.

Es así que entre el complejo
de inferioridad y el otro,
de superioridad, obvio,
es el ego el justo medio.

Sobre aviso no hay engaño,
desconfía, sí, señor,
de un humilde servidor,
Dios te coja confesado...

Y también sin confesar,
anexando el estrambote
recogido en este bloque,
que parece estar de más.

Por lo menos, los recuerdos
son un arma y contraatacan
esa muerte que nos traga
y oscurece los cerebros.

Hubo una vez una nave
especial por cómo estaba
finamente diseñada
para nadar cual un ave,

para volar como pez
y para andar con las alas

por esta tierra y el agua
y hasta flotar con los pies.

En la bóveda craneana
tenía esta nave su hangar,
por su aspecto cerebral
lucía un tanto arrugada.

Cuando la imaginación
al poder tanto gritaron
miles de contestatarios,
la nave no despegó.

Un navegante en silencio
vino a decirse después:
"Preferible es el poder
de la imaginación, pienso".

Esta nave de este loco,
la llevaba justamente
muy adentro en esa mente
que se ubica aquí en el coco.

¡Ay, vientos huracanados,
zigzagueando por la historia,
tambaleándome en la gloria,
hasta dónde me han enviado!

Todavía me preguntan
que de dónde, amigo, vengo;
por el léxico, contexto:
De Caléxico, sin duda.

Más allá de las tormentas,
por las costas de ambos lados,
por arriba, por abajo,
por siempre hay aguas revueltas.

Un capitán en naufragio
suele amarrarse al timón,
dar tabla de salvación
al de patadas de ahogado.

Y hay en ese mar oscuro
otros muy abusadillos
que, nadando de muertito,
llegan a puerto seguro.

Y hubo otra vez una isla
que era más bien un oasis,
que también era de Onasis,
el magnate aquel de Hydra.

Si es verdad o vil mentira,
no es una tragedia griega
contarles una historieta
por puro honor a la rima.

La isla que les contaba,
era un oasis beduino,
donde bebían tejuino
sin ser de Guadalajara.

Sus palabras, sin embargo,
sonaban cual pronunciar

el nombre de esa ciudad
más tapatía que un gaucho.

A los beduinos les gusta
contar historias de noche,
luego de andar como en coche
en dromedarios la ruta.

La ruta de las estrellas
que cuando caen, por cierto,
al fascinante desierto
lo llenan todo de arena.

La brújula está en el cielo,
con el sol o con la luna,
en un oleaje de dunas
son como marineros.

Saben que vendrá ese tiempo
que será este mundo que arde
agua por tres cuartas partes
y nomás desierto el resto.

El futuro es nuestro, dicen
mientras callan avanzando;
del silencio crece un canto
que a la atmósfera bendice.

Esta isla es un planeta
vivo y es un vago etéreo,
un oasis y el tercero
desde el sol que nos calienta.

Es la tierra de una especie
peregrina y muy errante,
desde el origen migrante
que no se halla y se contiene.

Y contiene al universo,
al cosmos, celestes cosas,
las galaxias nebulosas
en su reducido cuerpo.

Inventando dioses juegan,
al borde de la locura
es que encuentran la cordura
y perdiéndose se encuentran.

Vagando entre los extremos,
del centro van a la caza;
sobrios, ebrios, en la andanza
gozan de salud enfermos.

Esta raza nace ciega
y la luz le va moldeando
la mirada, que en lo alto
sabia muere y ciega queda.

Ser humano cuesta un chingo
y le cuesta al derredor,
con su ambiente es vengador
de un inhumano principio.

La Natura o el dios Aquel,
fue muy cruel con tal criatura,

última entre la basura
expulsada del vergel.

Mas desde su pequeñez,
por su misma evolución,
este simio semidios
siempre agrandándose fue.

Desde estar muy hasta abajo,
hoy está en la cima plena
de la mítica cadena
alimenticia no en vano.

Y no es este bicho raro,
fue Natura o Ese dios,
que por autodestrucción
junto a Darwin lo engendraron.

La Humanidad es un virus
que contiene lo que ha hecho,
de microbios cuerpo adentro
no se ha ido en plan invictus.

Luego, todo habré incubado:
herpes, sida, solitarias,
el covid y la malaria,
gonorreas del pasado.

Soy un tanto cuanto inmundo,
mi cadáver bien abierto
se lo dejo a los insectos
y les doy también el mundo.

EL CANTAR DE CASIMIRO

Aunque, sólo por chingar,
pido ser incinerado;
¿que me coman los gusanos?
Dijo el Cuervo: ¡Nunca más!

En lóbrega madrugada,
un tanto cuanto abstraído,
ya que leo yo de oído,
entre discos cavilaba.

A mi mente un viejo amor
vino a alborotar mi calma,
pero, Edgar, camarada,
ella no era tu Leonor.

Se llamaba Flor de Azar,
quien leyendo aquel poema,
me dejó y se fue la enferma
con tu Cuervo el Nunca Más.

Así fue que esta letrada
se volvió docta en zoofilia
y añadir pornografía
cual celoso me retrata.

¿Cómo pudo apasionarse
de ese ser reteficticio,
para colmo un pinche signo
de lo oscuro y el desastre?

Alegría yo le daba,
pero tarde es que se aprende:

67

la felicidad no vende...
¡que se vaya a la chingada!

¡Bah, qué cuervos ni que cuervos!,
tú lo que quieres, mi reina,
es mascarte la que cuelga,
dijo aquel Mamado Verbo.

Y es que hasta ahora capizco,
si en el principio fue el verso,
ella se fue con el Cuervo
porque le dio ese pellizco.

Con ese pico galán,
el barítono en la voz,
frac de azabache fulgor,
 ¿quién no cae con Nunca Más?

Comparado con el ciego
que en harapos canturreaba
coplas no muy acopladas,
me quedaba sólo el ego.

Una cosa es vanidad,
narcisismo es otro pedo,
confunden guerra de egos
con de celos al pelear.

Porque desafié al ladilla
en un duelo majareta,
pa' quitarle la careta
y el disfraz de pacotilla.

Mas, la neta, me ganó
cuando armado de guitarra
lo reté en una topada...
¡y era Edgar Allan Poe!

¡Cómo yo no lo notaba,
si en la punta de la lengua
bien tenía aquel poema
del Poe-ta Edgar Allan!

Galán Poe fue, a fin de cuentas,
con quien se fue Flor de Azar,
un viejo amor que, al cantar,
"no se olvida ni se deja".

Esas grupis tras los rockers
que van como armas de caza,
se vuelven amas de casa
si pasa más de una noche.

No es igual grupi que fan,
la segunda es de por vida
pan nuestro de cada día,
la primera viene y va.

Pero una y otra están
de tocada en tocadita,
son como las Adelitas,
siempre siguiendo a su Juan.

Fieles a la causa esperan
sin haber revolución,

están al pie del cañón
y amo a todas mis rieleras.

De vagón en vagón van,
vienen retando al futuro
y el vagón de vagabundos
es el presente hacia allá.

Viajando de polizón,
rueda con ellas luciendo
esas flores por el pelo
el viejo Vagón Magón.

La armónica a media luz
imita aquel deslizarse
por rieles como en un baile
sobre durmientes y blues.

Y uno despierta y al lado
pintada en la almohada ves
rojos labios de bilé
como diciendo: Te amo.

Ella voló con el alba,
dejó en mi sueño su cuerpo
y al oler aún encuentro
por las sábanas su alma.

Ciertas veces fue mi premio,
además de buena paga,
el favor de alguna dama
que me amara hasta por feo.

En la música, un "huesero"
es aquel que va sin pena
tras la lana, la chuleta,
lo primero es lo primero.

Ya lo dijo el Cabulotas,
hueserísimo el ojete:
"Mano, la salud va y viene,
el dinero es lo que importa".

¿Y las chavas qué, mi buen?
¿No recuerdas tus comienzos,
cuando el único sustento
fue el mirar de una mujer?

Dale y dale con lo mismo,
eres ya disco rayado,
me dirás y te retacho:
dudo, pienso, luego insisto.

Y es que un hombre de verdad
amaría a Lucinda Williams,
a Chrissie Hynde y a Cecilia,
de Janis Joplin ni hablar.

No obstante, volviendo al tema,
¡qué me importa a mí la plata!
En esto estoy por las ganas
sólo de encontrarme en ellas.

No es la especie preservar,
es cultivar el placer

71

que nos llevó más que ser
un sapiens, homo sexual.

Así que, en sentido estricto,
un ser erecto o no erecto,
es el animal que del sexo
hace el invento del siglo.

Por siglos el intelecto
reinventando este quehacer,
ha demostrado bien ser
un excitante instrumento.

Lo de pienso, luego existo,
dicho en latín con glamour,
suena a cogito, ergo sum...
y confieso que he cogito.

Y en extinción, por la puerta
de salida, muy alegres,
los condenados a muerte,
saludamos: ¡Ave, César!

Costa arriba, costa abajo,
una angelical María
Magdalena fue la guía
en aquel circo romano.

Gladiadores de las giras
en hotel con cucarachas
y en las combis y carcachas
instrumentos y mochilas.

¡T.S. Eliotiana tierra
de lotes baldíos! ¡Ciudad
del garage para tocar,
hoyos funkys, azoteas!

Vecindades, barrios bravos,
sin discriminar colonias
de lo más pinche fresotas,
suelen ser los escenarios.

Que lo invente y que lo haga
todo aquel que quiera circo;
dame tú un lote baldío,
que yo te pondré la carpa.

Cargo con mi sleepin' bag
todavía acá en la espalda;
dame un rincón de tu alma,
que yo lo pondré a soñar.

Dormir es ver para adentro,
dice un güey con ciertas ínfulas;
imaginen qué películas
ha de ver un puto ciego.

Dicho, así, cual carantoña,
acá entre nos un agravio
al revés es un halago,
¿pa' qué morralla piadosa?

Niger en latín es negro,
si te acuerdas de Nigeria

entre niggers no hay problema
si la madre es buen recuerdo.

Porque no hay malas palabras
sino malas intenciones,
porque incluso motherfucker
cómo venga es como saltas.

Entre pinches camaradas,
camaradas pinches hay;
y en cualquier chingón lugar,
en chingar se cuecen habas.

Por ahí no faltará
quien mendigue, mas no siempre;
entre ciegos hay videntes
que no piden caridad.

Cieguito tienes el ano,
diminutivo tu culo,
¡ah, verdad?, ¿a qué te supo
el lenguaje puritano?

Y sí, invidente Van Gogh,
Huidobro, el Charro Fernández,
Riva Palacio, ay, no mames,
y hasta fue invidente Fox.

Yo tengo capacidades
indiferentes a toda
hipocresía de moda
que en el odio usa disfraces.

Ser hijo de la chingada
es acta de nacimiento,
eso sí, soy frijolero
y no me digas sudaka.

Si vas a discriminarme,
hazlo bien, don Alcornoque;
soy del hemisferio norte,
nordaka debes llamarme.

Y fablando de Horterón,
¿para qué nos enseñaron
una lengua que no han dado
en fablar en comunión?

Castellano, y le reclaman
catalán, gallego, vasco,
andaluz gitano y payo,
y Español ya ni lo llaman.

Por acá se los guardamos
en quebrado continente
de esa herencia penitente
de estar todo fraccionado.

Cuando el Medievo moría,
por acá lo trasplantaron
y en el oscuro escenario
una luz ya se encendía.

Pensándolo bien, hermanos,
al inicio Nueva España

fue, en verdad, la Madre Patria,
pues de aquí se amamantaron.

Porque al echar a los moros
y además a los judíos,
dos reinitos diminutos
era apenas ese esbozo.

Surgió tras la Gran Hazaña
del Feliz Descubrimiento,
Conquista, o llámenlo Encuentro,
un país llamado España.

Con intranquila conciencia
pergeñó ese Santo Oficio
que persirguió al Enemigo
hasta acá con cruel hoguera.

Se nos llenó de conversos,
o sinagoga o mezquita,
en subterránea consigna,
el norte pobló de huercos.

"No vayas a delatarme,
diantre, demontre bebé,
pero en la Ley de Moisés
a los trece he de iniciarte".

Y al padre le viene al seso
que de Orcus viene y se explica
el por qué es que significa
Ángel de la Muerte huerco.

El padre temía al hijo
que, en pueril indiscreción,
a la misma Inquisición
denunciara así sus ritos.

Condenados al Averno
estaban antes de ser,
en edad de comprender,
liberados de ser huercos.

Y esos niños eran eso,
sus cabritos por el monte,
que, de grandes por el norte,
libres algo bueno hicieron.

Pasando, pues, del siniestro
despectivo al afectivo,
viene a ser un lindo niño
a lo que se nombra huerco.

Así del caló gitano
andaluz, no es un misterio
que afectuoso y con respeto
se le dice al padre bato.

Ya nos vamos entendiendo
y el que era un huerco menguado,
bato muy despabilado
con el tiempo viene siendo.

Mi padre era malhablado
y un chingo me contagió,

mas jamás me permitió
el lenguaje carcelario.

Padre mío, qué ironía
la que bato para ti,
siendo argot de ese aserrín,
fuera peor que grosería.

Y de nuez, volviendo al tema,
no, no es que haya palabrotas,
todo es asegún la boca
y los dientes que te quiebran.

No es extraño que un norteño
acostumbre decir bato,
es más raro que un chilango
te lo diga con su acento.

Es como esa cosa extraña
que un norteño achilangado
haya hecho el tan mentado
rap de la Chilanga Banda.

¡Vaya con el bato ñero!
En ciudades tan prendidas,
hay que ser un bato pilas
pa' ser sin dejar de serlo.

"Soy de aquí y soy de allá,
caras nordaka y chilanga
son mi personal rolada
moneda de identidad".

Así me lo dijo aquél,
que se hace pasar por mí;
de ventrílocuo ha de ir
metiendo mano en mi ser.

Pero que conste que el ciego
aquí soy yo y el que ve
no seguido puede ver,
aunque ojos tenga el menso.

Tiene lengua y habla el terco
mientras este ciego escribe,
pese a que se escurra el rímel
al hacerse el muy muñeco.

Serio lo hicieron, por eso
él pone cara de palo
en lo que yo estoy forzado
a sonreír todo tieso.

Las frases más profundillas
corren y van a su nombre,
por malos chistes va sobre
mi cuello la guillotina.

Con la caída quijada,
yace este ciego muñeco
en el cajón más maltrecho
de un camerino en desgracia.

Más pareciera mi dueño
estar en un ataúd

con su constante alipús
y esa estaca en pleno pecho.

De transilvánica etnia
esta criatura con frac,
cual sangre de yugular,
saca fuerza de flaqueza.

Con renovados ventrículos,
de vez en cuando revivo
para dotar de su chivo
al mantenido ventrílocuo.

¿Y qué le hacemos, en fin?
¿Para qué tanto quejarse?
¡Las obrero-paternales
relaciones son así!

Seguiremos en concordia
conteniendo al mono ciego
y al ventrílocuo en su ego
como una sola persona.

En singular habla en métrica,
vamos más allá, señores,
de nuestras contradicciones
por el bien de la dialéctica.

¡Va por ustedes, señoras,
que ha sido todo un honor!
En cada una el amor
encuentra una propia historia.

Y hablo con esfuerzo en neutro
para dedicar mi canto
a todos los entonados
arrimadores del verbo.

Y es que en el arranque apenas
va el Cantar de Casimiro,
aquél que es éste, que al tiro
debe estar por esta senda.

Don Zegatón que no es alias
sino buen nombre de pila,
todavía me destina
a andarme a tientas sin alas.

Mas se levanta hacia el cielo
mi báculo cuando esculca
un saludo a aquellas brujas
que se encuentran hoy en celo.

Por mil misas negras, juro
que existió el Mayor Tlahuizo,
héroe tan desconocido
merece versos algunos.

Sólo por sus ocurrencias,
frases célebres ignotas,
se ha ganado gota a gota
de este mezcal su presencia.

Evocación, ven a mí,
que con renovados bríos

la faz del Mayor Tlahuizo
se manifieste ya aquí.

Por dominicos severos,
maleducado en latín,
quiso tocar el violín
este pequeño mixteco.

Mas de su madre querida
oyó la máxima tal
que dice: "Aquí en el jacal
no mantenemos artistas".

Y agarrando carretera
se les salió del huacal,
tomó su camino Juan
y nunca volvió a la tierra.

Unas a pie en el sendero,
otras andando a lo loco,
llegó hasta un puerto famoso
y quiso ser marinero.

No licó en aquel momento
que aunque léido y escribido
y un tanto cuanto mestizo,
indio casi era el mixteco.

Ya después cayó en la cuenta
que a la Armada sólo entraban
hijos de Divina Garza
y uno que otro come-mierda.

Lame-huevos, lame-culos,
clase o raza con sus ismos
discrimina al individuo
y ni hablar, para otro rumbo.

Como hazaña, sí, anecdótica,
logró en el hombro un tatuaje
con sus meras iniciales,
eso sí, con letra gótica.

Y rodando y dando tumbos
arribó a la Capital,
esa pinche Gran Ciudad
del amor y el odio juntos.

En el mero corazón
de la Merced, por las calles
de la Soledad, a madres
excusados él lavó.

Aplicado el fuereñito,
su constancia desplegó
y así, como cargador,
anduvo por todos sitios.

Y con don Melquiades dio,
un baturro abarrotero,
buen samaritano el dueño,
gran maestro y valedor.

Él descubrió en el chaval,
además de lo sensible,

resistente y tan flexible,
mucho talento a formar.

"Oye, Juanito", le dijo,
"el ejército es tu meta";
"Indios como yo no aceptan",
respondió el chamaco esquivo.

"Pero, que hay distintas armas",
contraatacó su buen guía.
"Entra a la caballería,
que áhi admiten a la raza".

Y al Colegio Militar
fue a parar el mozalbete,
resultando buen cadete,
buen jinete y algo más...

Poco después de ese gozo,
ya en oficiales funciones
le encomendaron misiones
de lo audaz a lo riesgoso.

No por nada lo apodaban
el Tigre de los Pantanos,
al enemigo enfrentando
con paludismo bregaba.

Fue su juventud intensa
como el resto de su vida,
con cicatrices de heridas
nunca cerradas, abiertas.

Fue de lo alegre a lo huraño
y su gesto no ocultaba
la labor no valorada
en los ascensos de grado.

Méritos propios sin logros,
vil traición, grilla y boicot;
sólo llegó a ser mayor
cuando generales otros.

Los de su misma camada,
algunos ya retirados,
lo trataban de oye, mano,
y hasta en salud se curaban.

Esto lo fue bajoneando,
pero antes se dio ese lujo:
convivir entre los suyos
por cuarteles muy cuarteados.

Alternando con los sardos,
aquí el respeto se gana
a madrazos, y en la farra
suele haber algún disparo.

Y es que, aún siendo oficial,
con subalternos rolaba,
hasta lana les prestaba,
lo apreciaban de "verdad".

Toda una fiesta la vida
fue con el Mayor Tlahuizo,

con su esposa y con sus hijos
la caravana seguía.

Era aquella Tropa Nostra
uniformados gitanos
y entre el estiércol caballos,
guitarreo y harta polka.

Por la frontera y las zonas
estratégicas nos trajo:
pozos petroleros y atajos
por desiertos, selva y rocas.

Y por la sierra en los jeeps,
ferrocarriles, etcétera,
nos impartía una cátedra
siempre alerta sin dormir.

"Los viajes ilustran, m'ijo,
manten los ojos abiertos".
"Padre, ¿no ves que soy ciego?"
"'Tonces, el óido ten listo".

Todo eso se dio más tarde,
ya con sus hijos revueltos:
los de él, los de ella, los nuestros,
como dice cierta frase.

Porque aquél, en fechas idas,
 después de una vacación,
en un camión encontró
al gran amor de su vida.

En el asiento de al lado,
iba una triste muchacha
fumándose hasta la bacha
su cigarro tras cigarro.

Pa' colmo la chata bella,
de una anforita libaba
ese tequila que saca
lágrimas a la tristeza.

De incógnito no viajaba
el militar no en funciones,
franco, sin el uniforme,
hoy de civil descansaba.

Sabiendo de aquellos vicios,
queriendo curar su pena,
le dijo: "No es cosa buena
fumar y tomar al ritmo".

Ella le dijo que huía
de un marido amenazante,
que la echó e iría a la cárcel
si a sus hijitos veía.

En ocho horas de ese trote,
se contaron sus desgracias,
pues cola que le pisaran
también tenía este prócer.

En un ruin semidivorcio,
con la prole muy dispersa,

también andaba a las penas
este tipo misterioso.

Pero, en fin, al arribar
a la Gran Ciudad aquella,
en una casa que hospeda
encargó a la dama tal.

Asustándola de veras,
al otro día, temprano,
irrumpió un uniformado
preguntando por aquélla.

Por la amenaza, de plano,
del marido, ella creía
que venían policías
a llevársela a su rancho.

Cuando el ojo se aclaró
y vio que era el mismo tipo
que conoció en el camino,
el corazón le latió.

No cabe duda, mamá,
que un militar uniforme,
casi a caballo al galope,
hace del feo un galán.

Más que un monumento al buen
Soldado Desconocido,
se ganó el Mayor Tlahuizo
ser en mi coraza el Rey.

Y este señor fue mi padre,
Bato Loco aunque se indigne
del lenguaje hampón insigne
de este su hijo del desmadre.

Al principio de mi oficio,
dándome ánimos un resto,
fue que dijo: "Cantas feo,
pero tristón, hijo mío".

Ya despúes, me preguntó:
"¿Y ésa cómo es que se baila?"
"Para oírse es mi tonada..."
Y asestó: "No seas mamón".

Porque uno nace no siendo
la afirmación de sus padres,
sí contradicción errante
y hasta los treinta comprendo.

Gracias al Mayor Tlahuizo,
entendí que estoy en esto;
soy ese sueño resuelto
de quien músico ser quiso.

Porque a los treinta uno es dueño
de su pendejez y apuro,
¿para qué echarle ese bulto
a los padres o al gobierno?

En esa crisis cambié
la responsabilidad

por la culpa, que nomás
la regalan al nacer.

Ya fui padre de mí mismo
al llegar a los cuarenta;
los cincuenta, los sesenta,
son de plenitud en sismos.

Hoy empiezo a ser mi abuelo
y no pienso molestar
a mi descendencia leal
exigiéndoles los nietos.

Huercos, shavalos o buquis,
plebes, escuincles o críos:
a mi cueva bienvenidos,
donde un lobo ya hace mutis.

Oye, gente de mi edad,
puedo darte el buen consejo
de no dar consejos, viejo,
te lo pido por piedad.

Porque ahora invocaré
con muy sana magia blanca,
en un canto desde el alma
a fantástica mujer.

La Occidental Sierra Madre
jaliscience-nayarita
tuvo a una bella niñita
entre iguanas y alacranes.

Su padre, don Macedonio,
seis hijas procreó con Ana
y entre nubes de montaña
un rancho fundó de pronto.

La cuarta de las pequeñas
era, pues, esa diablilla
que se llamaba Angelita,
quien era la más traviesa.

Anhelante ella esperaba
por los corrales los actos
de las tropitas de teatro
que hasta su pueblo llegaban.

Ser actriz era su sueño
no secreto, más bien, obvio
cuando abstraída en el ocio
la pasaba ante el espejo.

La vanidad aumentaba
y entre pellizcos y cuescos,
quitándola del reflejo,
su madre la regañaba.

Pero volaba en su mente
sobre mágicas alfombras,
que algún experto las nombra
historias del Medio Oriente.

Así un árabe arribaba
con cinturones rellenos

de monedas con destello
de oro a una tierra lejana.

Barrancas cuidando siempre
a la fortaleza aquella,
que escondía allá en la sierra
a perseguidos infieles.

Años después a sus hijos
arrullaría con cuentos
de terror y mil espectros
con un sabor pueblerino.

Y, por cierto, más que un trauma,
entre esas fábulas, sí,
los enseñó a convivir
amables con los fantasmas.

Quizá de niña entrenaba
para ejercer el oficio,
en un cercano destino,
de enfermera sabia y guapa.

Con sus curas ejemplares,
enseñaba a ser doctor
en la autocontemplación,
sin vender enfermedades.

Ir a dar a un consultorio
es el último recurso,
un hospital es, incluso,
antesala del velorio.

Con tés lo curaba todo,
algo de yerbas sabía,
medicina alternativa,
natural por el entorno.

Cocinar en variedad
también se le dio a raudales,
el pozole y los tamales
fueron su especialidad.

Pero volviendo en flashback
a su niñez un momento,
se oye a un árabe pequeño
esa armónica tocar.

Aquél que su madre santa
amamantó de bebé,
junto con ella a la vez,
por faltarle leche en casa.

El mismo que de puberto,
"Te devolveré", decía,
"toda la leche que un día
a tu madre le robé".

Y ella, saltando la cuerda,
bien que ardía en el sonrojo
al oír aquel piropo
en tan arabesca lengua.

Feliz esa edad lozana
en que se siente que brota

reventoleando la hormona
y en eso pasa la Parca.

La guadaña vio Angelita,
que al aire cortó las alas
de la doña bienamada,
Ana Águila bendita.

Así, al morir la matriarca,
don Macedonio en dolor
sus propiedades vendió,
dejando aquella comarca.

Fue que, en plena adolescencia,
la Gran Ciudad del Bajío,
con su calor tapatío
la recibió en hora buena.

Pero duró poco el gusto
y aunque pasó buenos ratos,
se arrejuntó con un guapo
señor de los ocho lustros.

Tres hijos tuvo en hilera
y cuando más la gozaba,
el que tanto la celaba
la expulsó de su cantera.

La Calle de la Amargura
fue su destino inmediato
y anduvo tripeando gacho
como el bolero Negrura.

Hasta que dio en un camión
con aquel Mayor Tlahuizo,
que era ese tipo rollizo
que de llorar la sacó.

Y tras más de diez decenios,
lo de actriz ser, Angelita,
tu nieta, la Mascotita,
viene a cumplirte el deseo.

D.H. Lawrence, dicen, dijo:
"Bailamos como soñaron
nuestros abuelos lograrlo".
¿Y era al sexo referido?

Hay metáforas y lapsus
cálami, tal vez linguae
o simplemente mentales,
como si te hablara un cactus.

Y como el peyote actúan,
a favor o en contra de uno
estos tan inoportunos
errores que te vacunan.

Hay buenas o malas rachas,
mas uno es quien canta a coro:
Karmacha, karmacha, todo
lo que hagas se te retacha.

A toda acción corresponde
la reacción inversamente

proporcional a la gente
que la provoca o propone.

Y coinciden ciencia y magia,
pues más o menos es ésa
de Newton la ley tercera
aplicada a lo del karma.

No preciso oír ¡olé!,
sólo llegué hasta la prepa,
sin embargo, pocas letras,
pero bien peinadas, pues.

Vamos, que la casa pierde
si nuestra beoda miseria,
por esa barra y las mesas,
no la dejamos patente.

Oigo decir en la puerta:
¿Quién bebe, en vez de quién vive?
Está de más el decirles
es pa' entrar la contraseña.

Por el perfume, el aroma,
tufo le llaman algunos,
voy ya llegando, calculo,
al viejo bar Nasdarovia.

Ah, qué rica pestilencia,
gélidos ríos de vodka,
entre el Danubio o el Volga,
aquí me quedo, Prudencia.

Esta dama es la mesera,
que desde joven me atiende;
ahora más me consiente...
está quedándose ciega.

Esta gordita cachonda,
de rubios bucles divinos,
ya grises, pero hoy teñidos,
tiene romántica historia.

Nació en un hotel sin nombre
a la mitad de la estepa,
rusa ella es, no lo niega,
y descendiente de nobles.

Con todo y su muy profundo
acento a lo Dostoyevski,
se le escapó al rudo Kremlin
y vino a dar a Acapulco.

Así, a la deriva, andaba
entre barqueros, lancheros,
por ahí algún gondolero,
esta edecán de embajada.

Caía el hombre a su paso,
entonces era delgada,
y en minifalda mataba
dejando atrás sólo infartos.

Más que barata, muy cara,
se daba al mejor postor;

de hotel en hotel paseó
de Tlalpan a Cuernavaca.

Con sus caras duras, frías,
los travestis le cantaban:
Hey, take a walk on the wild side...
y hasta Lou Reed sonreía.

Pero paró de repente
un tanto cuanto cansada
de pasarse por las armas
a aquel personal decente.

Nada mal le había ido,
todavía en buena forma
puso este bar Nasdarovia
con sus benditos ahorritos.

Siendo dueña, sí, señor,
de esta basílica hermosa,
de ese padrote malora
fue que aquí se enamoró.

Ella que tanto cogió,
escogió al peor malandrín,
que le vació el maletín
y la sumió en el alcohol.

La confusión se ha adueñado
de su mente y queda al fondo
recargada sobre el hombro
del penúltimo borracho.

Y ese borracho soy yo,
encantado en este bar
Nasdarovia, que al soñar
puedo ver en mi interior.

Se está ella desvaneciendo,
me quedo solo con mi alma,
es esto un pueblo fantasma
que va desapareciendo.

Adiós, Prudencia, me queda
ver los tráilers del delirio
tremendo, que con cuchillo,
paso a pasito se acerca.

Porque no es el alcoholismo
una enfermedad, lo sé;
la cruda sí que lo es
y la cura grita: ¡Auxilio!

Pero, allá voy otra vez,
toda vez recuperado,
paso lento, acelerando
a donde más pior esté.

Por la fragancia letal,
que algunos llaman hedor,
me recibe en su portón
la Taberna de Panchuá.

El Tavernario Más Lindo,
el Hombre de las Tavernas,

don Catrín de la Trastienda,
es quien está a su servicio.

Te recibe muy cordial,
exagera el sonsonete
y la erre la hace egue,
dándole un poco en jotear.

Soporta al macho más cruel,
pero, ni por chascarrillo,
nunca digas que Panchito
es quizá un falso francés.

En la cábula o carrilla,
seas del sur o seas del norte,
muy pesado o sutilote,
él te aguanta sin rencillas.

Aquí el íntimo saludo,
cuando el hielo se ha partido,
no es de piquete de ombligo,
es de piquete de culo.

Vaya, que no pasa nada,
pues lo que pasa en Las Pedas
es que en Las Pedas se queda,
claro, en Las Pedas Negadas.

De los bares gay pionero,
último de los mohicanos,
por la barra, desatado,
se convierte en Zorba el Griego.

Significa gay alegre,
ser alegre es la cuestión,
no es un telenovelón,
esta vida es más que muerte.

Vivo, luego soy festivo,
no descartes este lema
en tu escudo de armas, perra,
y al ataque mis divinos.

Esta jaula es para locas
y hay un ring a media pista,
entre el lodo todas lidian
y la peda ni se nota.

Yo, más ciego que sus anos,
sólo siento el salpicón,
como que ando por Detroit,
Dallas, Nashville o en Urano.

No es que tenga el pito chico
o no se haga agua la boca,
en mi clóset vivo a solas,
me la pelan los prejuicios.

Soy Quijote y Sancho Panza,
los dos juntos a la vez,
nalgas contra la pared,
los recibo con la lanza.

Pero, en eso, en una esquina
quedo y uno ya me cuenta

una suculenta escena
que mis ojos imaginan.

En estridente concierto,
alrededor de Panchuá,
de rodillas todos van
y le bailan Zuerbe el Meco.

Tiempo atrás, glorias pasadas,
esto es casi nada, ñeros,
comparando, aquellas fueron
las parrandas más pesadas.

Demostró esta loca pájara
que en un país de machines
el rey es reina, querubines,
hasta que perdió la máscara.

En un pinche santiamén,
el negocio casi quiebra
al descubrir que la reina
no era joto ni francés.

Era Panchito, además
de ser macho y muy calado
y, pa' colmo, ¡mexicano!
¡Chinga tu madre, Panchuá!

Pero aquella masa adicta,
feligreses, parroquianos,
eran más que aquel fulano
que le puso zancadilla.

Hoy aceptan esta farsa
porque es actuación sublime,
tal como la lucha libre
y no falta la comparsa.

Se agradece el sexo falso,
se agradece la mentira,
se agradece que te finjan
cuando el teatro es bien actuado.

Discretamente agarré
mis zurcidas pantaletas,
el liguero con las medias
y me fui del antro aquel.

La noche es larga pa'l ciego,
ya picado, la puntilla,
y en arrastre lento enfilas
al siguiente matadero.

Ya que en términos taurinos
empezamos a expresarnos,
el Tablao del Morao
puede ser un buen destino.

Y el Morao es un gitano
de verdá por lo que muestra;
esculcándote te alberga,
dándote ese gran abrazo.

"Este continente", chilla,
"pué lo descubrió mi raza,

que fue Rodrigo de Triana
quien gritó: ¡Tierra a la vista!

Y porque la Lengua es redonda,
el primer trago te invita
y te da otra bolseadita
en el brindis que te enrolla.

Y se pone a recitar,
guitarra flamenca al fondo,
rematando en cante jondo
lo que suele improvisar.

Yo le contesto entre sombras
en un una contra una
en un duelo en que circulan
estas copas entre coplas.

Para suprimir comillas
y de un diálogo los guiones,
de todo esto sale a flote
la siguiente tonadilla:

Es Granada la gitana,
la que canta al pregonar,
mas no te podrán comprar
vendas lo que vendas, guapa.

Es Madrid la niña mía,
que en el pleno amanecer,
pone al taxista a sus pies
deteniendo a la Gran Vía.

Y Sevilla brilla, estalla
por todo el Guadalquivir
y la luna baila en ti
dentro de un solar de Triana.

Esa esquiva Barcelona
es, desde el genial Gaudí
hasta el salvador Dalí,
bona si la bolsa sona.

Eres, Córdoba, la estatua
del jondísimo saber
y las cuerdas del placer
don Maimónides las rasga.

Bacalado de Bilbado
por corredo me lo mandan
y en mi torta mexicana
con tequila me lo zampo.

En Jerez de la Frontera
entras en meditación
y en sutil levitación
un fino licor te eleva.

Oh, Gijón de gente celta,
una rubia por ahí
resultó ser para mí
una niña muy traviesa.

Ya llegando hasta Tarifa,
se puede bajar al Moro,

de donde viene ese coro
que hoy anda en luz todavía.

Desde Galicia se ve
el fin del mundo y abajo
esa extrema, dura mano,
que algo recuerda a Cortés.

Por allá, por San Fernando,
ay, se me quebró la voz,
y recé por Camarón
en un cante desgarrao.

De repente le paramos,
de las nubes nos caímos,
descubriéndonos áhi mismo
un tanto cuanto extasiados.

Y quien dijo cada cosa
es obvio, que quede viva
una sola bulería
finalmente es lo que importa.

Ya cuidando la cartera,
un gran abrazo nos dimos;
no llegó la sangre al río
"creyendo que era mozuela".

De este mano a mano en friega,
nuestras zarpas estrechamos;
fraternalmente espantamos
con poesía a la miseria.

Yo no veo y ha de ser
que de oído sigo el rastro,
y en el canto de ese gallo
es que siento amanecer.

Son, según sacro refrán,
siete años menos de vida
si te da la luz del día...
¡y a los sarcófagos, ya!

A mi cama transilvana
de un panteón cercano asisto,
para el sueño del vampiro
relatar con voz profana.

Me oirán hablando dormido,
pero no roncando en ésas;
que sólo al final se pierda
eso que se llama estilo.

Como sueño con chupar,
sangre incluso, amigos míos,
por oníricos caminos
sigo, así, de bar en bar.

La Canchina de Canchinflas
no es bar ni pub ni taberna
ni mesón ni tasca, a secas
es sólo eso: cantina.

Al frente está vivaracho
ese simpático midget,

que por muletilla dice
constantemente: "Oye, chato".

Por quien sabe qué manía,
la "te" la convierte en "che":
Chongolele, el Sancho aquel,
y, desde luego, Canchinflas.

Resorches, Rinchinchín,
Virucha, Chun-Chun, Chin-Chan,
todo el cine irracional,
además de Raspuchín.

Pues sí, las drogas instruyen,
también las viejas ilustran,
los sacros hongos, sin duda,
aunque el peyote es mi numen.

Y es raro soñar en verso,
pero he ahí el enigma
revelado hasta con rima:
es el rebote de aquello.

Despierto en sueños descanso
con ojos de dormilón,
como dijera el Mayor
Tlahuizo: "¿Cómo te caigo?".

"Oye, chato", me sacude
nuestro anfitrión enanillo,
"¿qué te chupas, mi querido
Pirulí Victor Ichurbe?".

Soñando dentro de un sueño,
tras un whisky y como chéiser
una elástica serpiente,
despierto mas no despierto.

Hey, ¿qué jáis, mi Canchinflois?,
¿dónde estás, Divinidad?,
¿quién dejó aquí este diván?,
¿por dónde anda el pinche Freud?

"¡Híjoles! ¿Qué pasajeros
tráis en el ferrocatren?",
se me alarma el little friend,
"Oye, chato, ¿qué te dieron?".

¿Qué me diste de estatura
tú, que me serviste el chínguere?
Ya te veo hasta como títere,
y eso que mi vista es nula.

"Oye, chato, ¿qué fumaste?
'Ora sí, ¡qué buena mota!
Casi que me sacas de onda,
que en la vía te cruzaste".

Pos nomás que no hagan olas,
veo doble estando ciego;
áhi te va uno de a doscientos
en billete de cien bolas.

"Ay, mira, cómo eres, chato,
sí que no que el ruletero

y luego como que me aviento,
pos, ¿qué, ya así nos llevamos?".

Pica, lica y califica:
¿con Sor Juana a dónde váis,
"hombres necios que acusáis..."
y a la mujer ya ni pican?

"Los gallos no tienen manos
y esto es porque las gallinas
no tienen chichis, mi vida,
y ahí está el detalle, chato".

"Újule, Julita", dijo
el Resorches cabuliando.
"Sólo soy vegetariano",
muy sutil te dice el grifo.

¿No tienes frío, carnal?
Desde el refri el que tirita,
te responde: "Ay, mamachita,
yo nací en el Canadá".

"¡Cámara con esa acción!
Que te aprecio, mi Resorches,
pero, chato, no me robes
cámara en mi locación".

Y en eso llega la noche
y esa fina pesadilla,
la Canchina de Canchinflas
se va con Quinalaroche.

Aquel tónico tan cool,
que hace tiempo se extinguió
y que no lo rescató
ni el Dinosaurio Larousse.

Dejo ya mis aposentos
transilvanos del panteón
y me lanzo a andar en pos
de mis próximos eventos.

Me encuentro a Pacho Pachangas,
le pregunto si no ha visto
al Lazarillo de Torpes,
que huyó hace muchas parrandas.

Dijo que no, mas, ¿qué tal,
cuánto le doy por un perro,
que resulta estar bien ciego,
pero que baila cancán?

¡Ah, qué raza tan pacheca!
Macrobiótico me torno
a fumar lo del entorno,
se las dan y a mí me pega.

Pacho sí es el astronauta,
y es que aquí la grifa rifa,
por tales rumbos se respira
este aroma en cada cuadra.

Sin embargo, los efluvios
son variados y he de andar

acercándome al Garash
del Menash Atroz de Julio.

Éste, que nació en agosto,
media noche hacia septiembre,
vio que desde ahí su suerte
era un sándwich muy sabroso.

Por clandestino destino,
Julio a su antrillo nombró
Garash del Menash Atroz,
que es un sitio alternativo.

Entre hotel de paso y pub,
se permiten sólo tríos,
no de boleros, de tipos,
tipas y cocteles punk.

Con el Pacho y su Cancán,
llamado así el perro ciego,
bailarín el muy cirquero,
penetramos al lugar.

La zoofilia es permitida,
no se nos negó la entrada,
gran zona de tolerancia
con clausuras repetidas.

Pero como el Ave Fénix,
renace de sus cenizas
con Goliardo y el Sonrisas
dándole a la Gata Félix.

Fuera de la deliciosa
mezcla de géneros varios,
posiciones en el acto
la imaginación provocan.

El Menash Atroz es sabio,
porque dicen que compadre
que no le da a la comadre
no es compadre y sólo es sancho.

De compitas y comitas
es el trato coloquial
en esta Fraternidad
del Sexual Sándwich que rifa.

De estos usos y costumbres
soy un ciego observador,
aunque un tanto tentador
es mi paso por la lumbre.

Que al rojo vivo con cuerpos
y almas tan incandescentes,
saca chispas el ambiente
y hasta ve la luz un ciego.

Porque Pacho y su mascota
ya encontraron por ahí
una perra muy fifí
con propuesta decorosa.

Los dejo en un beso negro
con otros tres en cadena,

pa' cerrar sin duras penas
esa rosca en lengüeteo.

Que San Güicho los acoja,
los proteja y los cobije,
y que nadie se resfríe
por andar tanto en pelotas.

Voy sin rumbo deambulando
por la densa oscura niebla,
la de adentro y la de afuera,
con bastón desenvainado.

Y por poco me tropiezo
con un bulto, que caído
se levanta y al oído
casi pegado lo tengo.

Entre roncos estertores
está el que en doña Josefa
a la heroína perfecta
halló por los callejones.

Es un judío temblando
en trayecto a la Pikera
del Yonky Pur, que es secreta
sinagoga del tecato.

Ellos, con fama de errantes,
no son pa' nada excluyentes,
pero tampoco incluyentes
y al mutismo lo hacen arte.

Es mejor dejarlo ser,
que navegue en su jeringa
por los mares de heroína
con la vena a flor de piel.

Cantan que existe una casa
de citas en Nueva Orleans,
donde en perdición carnal
ves nacer el sol a rastras.

Por acá hay una caverna,
donde al son del sol poniente
es la noche eterna, ardiente,
y es pa'l que chambea en friega.

Hay un lugar pa'l que carga
cestas, huacales y fardos
por el Mercado de Abastos
y es donde el semen descarga.

Este burdel exquisito
de esparcimiento y solaz,
esta bodega es La Gran
Mamá de los Bodeguitos.

Hace mucho, mucho tiempo
que no rolo por allá,
pero les voy a narrar
esto a punta de recuerdos.

Aunque, a putas y pendejos,
es mejor así decirlo,

como quien dedica un libro
al rebaño de este reino.

El Bíceps caía al congal
y contaba que una vez
pensó ponerse mamey
de cargar tanto costal.

Al ver que esa masa atleta
eran bolas y no bíceps,
descubrió que era ese bisnes
el oficio de la hernia.

Pa' acabarla de chingar,
se lo cotorreaban gacho,
al pseudomamado macho
le decían Bicepsual.

Pero el Bíceps era chido,
 gente de muy buena ley,
que descanse en paz, mi buen,
un minuto de silbidos.

Desde ultracumbia, muy fuerte,
parece su voz oírse
diciendo: Está bien que chinguen,
pero a su madre... respeten.

Le gustaba a la Pepita,
que ni le sacaba feria,
como si fuera materia
de jugar a la escuelita.

Las lobas del lupanar
aullaban y era deber
madrearla por no saber
usar la pa' no chambear.

El síndrome de Agustín
Lara al buen Bíceps le dio,
que a la Pepita sacó
de obsequiar el tesorín.

Una gonorrea asesina
se los llevó al poco tiempo,
un minuto de silencio,
eso sí, para Pepita.

A la bodega La Gran
Mamá de los Bodeguitos,
aún van reconocidos
artistas de variedad.

También por ahí ves tontos
políticos y extranjeros,
y la fama es lo de menos,
porque aquí se igualan todos.

La única condición
que se les pone al entrar,
es que tienen que cargar
dos costales de carbón.

Siguen con la novatada
al subirlos a la pista

y con los bultos encima
dan diez vueltas y se largan.

No parando de reír,
bien tiznados me los mandan
hasta allá, hasta la tiznada
madre que los vio en París.

Carlos, alias Charlimán,
era el místico atractivo
de tan lumpen lenocinio
con aquel turbante audaz.

Con su misterioso dicho
de: Te voy a hacer sentir
el arete, bizcochín...
las dejaba en suspensivos.

Era un gigantón moreno
que exhibía en su humanidad
maquillaje natural
de un grasoso azul destello.

De un mecánico taller
recién salido lucía
y de su oreja pendía
la arracada del placer.

Porque era la que ponía
en la punta de su lanza
y cualquiera al penetrarla
papacito le decía.

Con esa cosa elegante
que adornaba su cabeza,
justo fue que le dijeran
Charlimán el Más Turbante.

Y era la Débora Dora,
quien decía digna y ruda:
Aquí tiene a su segura
puta sexo servidora.

Y con la baba en la boca
seguro que te mataba
sin ases bajo la manga,
así era la Matadora.

Como su nombre y apodo,
era una devoradora
de hombres y, devastadora,
fue siempre una mata mochos.

Con disfraz de cargadores
los curas así llegaban,
y al despedirse colgaban
los hábitos castradores.

Un corazón que era un coño,
mostraba como tatuaje;
y era un corazón muy grande
y el ombligo en el meollo.

Cada farolón corriente
ejecutado áhi marcaba,

como rayas en las cachas
de pistolero de western.

Cierta vez llegó un trailero,
cuatacho de un cargador.
"¡Que me sirvan la mejor!",
 gritaba el muy soflamero.

"Órale pues, infuloso",
le respondió la matrona.
"Venga la Devoradora
y échate al capote el toro".

Así, a la mitad del ruedo,
todo mundo presenció
cómo el trailero llegó
a las piernas del deseo.

Al mirar que ya se abrían,
exclamó: "¡¿Coño, qué es esto?!".
Aquella selva de pelos,
la caverna protegía.

Dijo la Devoradora
al hipnotizado cliente:
"Guapo, ¿no que muy caliente?,
ven y méteme algo ahora".

"Empecemos por un brazo,
luego el otro y una pierna,
luego l'otra y la cabeza
y vas pa' dentro del chango".

Lo succionó todo entero
y a aquellas profundidades,
con niebla y oscuridades,
fue a parar aquel trailero.

Pronto se encontró una antorcha
y emprendió la caminata,
como a las cuatro semanas
se encontró con una fonda.

De sopetón, delirante,
nuestro trailero hablador,
incoherente formuló
varias preguntas al aire.

En el vacío se oía:
"¿Pueden decirme quién soy,
si me vine, a dónde voy,
y por qué es que así me miran?".

Desde un rincón muy sombrío,
un alegre camarada
cantaba y también bailaba
el jarabe tapatío.

Charro floreando la reata,
era aquél contestando:
"Yo llevo meses buscando
a mi manada de vacas".

Nadie sabe, nadie supo
del trailero más su suerte,

y eso pasa por meterte
en un coño tan profundo.

No por nada, amado hermano,
la letal Devoradora
fue nombrada Matadora,
bueno, y de coger ni hablamos.

En la bodega La Gran
Mamá de los Bodeguitos,
ha pasado tanto amigo
difícil de enumerar.

Como Lovecraft lo contó:
estos seres nunca encajan
en las medidas variadas
de esta nuestra dimensión.

Pero, la encajan, ni modo;
dejan centavo a centavo
casi todo su salario
en la alcancía sin fondo.

En esa raja de encanto
es que para, si se para,
mientras se puede, la espada
o el cuchillito de palo.

Como en este hostil país
hacerse rico es prohibido,
lo que te haga sentir rico
es bueno en esto invertir.

¡Póngale sin ton ni son!
Como dicen en mi barrio:
¿Quién te quita lo bailado
cuando se acabó el danzón?

Sin nada me iré a la fosa
como un miserable más,
¿qué más da, entonces, llorar
si entre muchos ni se nota?

Me llevo el placer de ser
y ya no tanto el de estar,
aunque seas un rockstar,
güey, de que te vas, te vas.

Es el diario movimiento
de la gente lo que dicta
qué es la noche y qué es el día,
pero por mí yo me muevo.

Voy pensando en el camino:
si la noche no es eterna,
debe serlo la ceguera,
y, así, otro mundo imagino.

Aunque es cosa del pasado,
estoy en el sitio aquel
de El Bolichito del Che
Queto, el Gaucho Solitario.

Vino como futbolista
y al alcanzarlo el retiro

fue que puso el changarrito
de delicias argentinas.

Hinchado de egocentrismo
por tanto elogio sinfónico,
entró a Argentinos Anónimos
y a la hinchada echó al olvido.

Aunque ustedes no lo crean,
se le da el diminutivo,
sencillito y humildito
es que atiende a la clientela.

Además de sus paisanos
que se anclaron por acá,
frecuentamos el lugar
el resto de los humanos.

No se siente, de ningún modo,
ser de este mundo el ombligo,
pero Dios al argentino
fue que lo creó antes de todo.

Y después Adán surgió
de un asado de costilla
y a la vez la luz divina
dio vida a Evita Perón.

Luego el ego es el pequeño
argentino que albergamos,
pero te dirá alegando:
"¿Y por qué pequeño, negro?"

Y aquí "negro" hay que aclarar,
es en un tono afectivo,
para nada despectivo,
puro aprecio coloquial.

Por cierto, dijo un amigo
viejo, muy querido viejo:
"Che es señor en un dialecto".
¿Quién soy yo pa' desmentirlo?

Queto el Gaucho Solitario,
melancólico añoraba
las andanzas de su infancia
por los arrabales bravos.

Echando la cascarita,
como dicen en mi barrio,
siempre un balón bajo el brazo,
fue de pandilla en pandilla.

Por la ruta del lunfardo
arribó a la adolescencia,
eso en que algunos encuentran
estacionamiento largo.

Pero el Queto no era de éstos,
crecer es lo que le urgía,
cual compadrito vestía
y vagaba muy resuelto.

Bajo el chambergo su mente
también vagaba y entonces

es el viejo en ese joven
y el pasado habla en presente.

Una mina en cada esquina
saluda alzando la falda,
Triunvirato y Olazábal,
corazón de Villaurquiza.

En cierta vieja casona
buenos aires se respiran
y en su azotea Argentina
en todo pibe se asoma.

Cada loco con su birra
o su tinto o su fernet
y en el asador se ve
que hay carnada de la fina.

La demencia tiene monjes,
los más temidos del rumbo,
que hacen un ruido rotundo
desde el borde de la torre.

O de salida o de entrada,
en el beso en la mejilla
uno gana una familia
en esa casona arcaica.

Hay un tren que arranca el alma
y, cercano a aquella vía,
un bolichito porfía
en llamarse La Esmeralda.

Al traspasar esa puerta,
se detiene el tiempo y flota
sempiterno un tango ahora
sobre las parlantes mesas.

Es aquí donde el fantasma
de aquel gran bandoneonista
ronda y, de pronto, suspiran
todas las paredes blancas.

Los viejos que el tiempo trae,
modifican el ambiente;
y todos rejuvenecen
cuando el sol se retrotrae.

Ya muy cerca del ocaso,
se encuentra en un rinconcito
tomando su cafecito
el enorme hermano Mario.

Con su voz bajita y clara
de barítono, sonoro,
casi como soliloquio,
con el pensamiento canta:

"Che, jugándole a la contra
a la muerte condenada,
un año más se le gana
y, ¡que siga la milonga!".

Y es como el que pasa al lado
cuando silba y cuando ríe:

todo un tren que no se rinde,
que circula a lento paso.

Vamos por el caminito
de ese Buenos Aires cálido,
el que siempre suena a lánguido
fonógrafo y rasga un disco.

El que arrastra un bailecito
con su lengua lunfardesca,
que a Susana, dama bella,
canta tangos al oído.

El de historias callejeras
que se internan en el cuarto
y que brotan desde el radio
con su voz que envuelve en seda.

El de esa señora armenia
que, entre hipnóticos olores,
te recibe con sabores
y en varios platos se entrega.

Doña Elegante Porteña,
le dicen por sobrenombre
los poetas y pintores
a su mística mecenas.

Ese oriente medio en brumas,
vive al sur del continente,
América solamente,
sin subdivisión alguna.

De Alaska, por el estrecho
de Bering hasta el del loco
Magallanes, poco a poco
fueron llegando fuereños.

Pues la gente en movimiento
dada a la aventura en siglos,
enfrenta el irreal destino
de migrar cual hoja al viento.

Porque algunos de los incas,
otros más de los aztecas,
te presumen su ascendencia
y el que no salta, te brinca.

Mas los argentinos dicen,
como en son de broma un tanto,
que descienden de los barcos...
¡y ellos con orgullo ríen!

Como el pibe Marianito,
que aparece por el antro
con un pulpo bajo el brazo,
mal tatuado y retorcido.

Pelo que se va ausentando,
hombros que se caen y cuelgan,
várices por esas piernas,
pantalones cortos guangos.

Sin coherencia, sin sujeto,
verbo y predicado, te habla

hasta por el codo y salta
por temáticas sin freno.

A la Antártida se va
en el colmo del delirio,
y en el Polo Sur ha visto
la boreal aurora ondear.

¿Es que hay auroras boreales
en la Antártida?, preguntas.
Son del Polo Norte adjuntas
y mejor ni argumentarle.

Al amigo Marianito,
si eres fino, no interrumpas,
dale más alcohol y escucha
lo que nos platica a gritos.

En tirantes bien parece
un cangrejo en camiseta,
pero el porte, cuando alega,
es de príncipe valiente.

Ya la noche nos dispersa,
Marianito no controla,
se nos queda hablando a solas
al final bajo una mesa.

Y en ésas Queto da un brinco
a su plena juventud,
cuando el rocanrol a full
asaltó al folclor querido.

El traje de compadrito
es ya chamarra de cuero,
y se ve en un hoyo negro
en el clímax del aullido.

Si uno escucha Escandinavia,
ves vikingos y rudeza,
el dios Odín y a lo bestia
tarros por toda la barra.

No obstante, en el claroscuro
verás surgir la belleza,
es la única mesera
entre tipos más que duros.

Se oye en medio del naufragio:
¡"Hey, Camila, te suplico,
whisky y birra a lo vikingo"...
desde el hondo Escandinavo.

Entre jarras, tu cabeza
rueda y de la mesa escurre
esa nata y algo ocurre...
te rescata, te despierta.

Y Camila la Vikinga
es la auténtica deidad
de ese nórdiko lugar
en la antípoda Argentina.

Sólo de noche en Saturno,
se navega en siete bares;

mas nos queda Buenos Aires
en un mundo vuelto diurno.

Puedes ver aún acá
caballeros medievales,
que regresan del combate
con costillas por soldar.

En un brindis refinado,
alzan su Imperial cerveza
Che Víctor y su colega,
un chavón peruano al lado.

El Paquete es su escudero
más que fiel en esas farras
que desprenden toda el alma
de ese cuerpo del guerrero.

Duro el inca laburaba
cuando, por su jefa china,
retó a la Mafia Amarilla
"por mi rey y por mi dama".

Este intrépido Paquete,
casi con su vida paga,
mas Che Víctor a la carga
lo salvó de ver su suerte.

El pampero y escudero
tienen aventuras varias,
el Medievo ahí en la cancha
es combate a golpe abierto.

Y bien dice el reportero
que es el rugby, entre otros males,
"un deporte de animales
jugado por caballeros".

Recuerda Nueva Zelanda,
aquella tarde gloriosa;
noble puma, es en tu honra
por lo que suenan las gaitas.

Ya le toco el hombro a Queto
que dormido se ha quedado
dentro de mi sueño y le hablo,
pido un último deseo.

Antes de que se despida
de su porteña añoranza,
que me lleve a la covacha
donde quise estar un día.

Calle México en San Telmo,
no te haré el desaire, Borges,
que en tu laberinto enorme
han de encontrarse dos ciegos.

Y érase que aquella fue
una gran ciudad poblada
de caras que eran portadas
en la Torre de Papel.

Eran libros habitantes
de anaqueles en custodia,

y eran mil y un idiomas
estas páginas parlantes.

Un remolino de ideas
generando ideologías
que, con todo, convivían
en la ancestral diferencia.

De libros era un gobierno
para libros, cual pensaban
de la ambigua democracia
aquellos antiguos griegos.

He aquí la bibliocracia,
la dictlectura y al fondo
la anarcografía y todo
más allá de la desgracia.

Libros conteniendo siglos
y el guardián tras los milenios,
era el viejo sabio ciego
con el sol dentro de él mismo.

Vino a dar a este rincón,
valga la ironía ojeta,
cuando al cazador de letras
su vista le dijo adiós.

Un muy modesto despacho
albergaba a esta elegante
figura asaz presentable,
bien vestido y afeitado.

Cultivaba el buen amor,
era hilarante y solemne,
creaba en alterna corriente
el sentido del humor.

Lo último que el ciego oyó
fue quizá un revoloteo
de libros libres que, al vuelo,
lo llevaban hacia el sol.

Dí con esa calle México
por casualidad, acaso,
y estrechamos nuestras manos
en espíritu dialéctico.

Desde cierta biblioteca
despoblada, me despido
para seguir el camino
por otra ruta desierta.

El Bolichito del Che
Queto, el Gaucho Solitario,
se queda por hoy flotando
en mi mental mundo aquel.

La vida es buena, aunque dudes,
sólo un mal es que distingo
en la misa del domingo
y la cruda del San Lunes.

No me importa si se extinguen
la tortuga y las costumbres,

los domingos y los lunes
de una vez y que se chinguen.

Que se vayan al panteón
junto con la hipocresía
de la dizque Teología
de la tal Liberación,

que en la fe encubre las armas,
en la religión la guerra,
la que con sus reglas juega
con ventaja en desventaja.

Guardan malas intenciones
debajo de la sotana,
la cruz siempre fue la espada
que atraviesa en oraciones.

Desconfío del ateo
que en su negación afirma
al dios que lo ampara y cría,
la buena causa es su juego.

Desconfío del creyente
que predica tras el odio,
sí, porque yo creo en todo,
pero nada me convence.

Quiero a un militar confeso
y no al que se hace pasar
por santo en un vil altar,
cual San Ancho del Hoyuelo.

Yo que he andado por mil barrios
y oí al jesuita en Chihuahua,
siendo, escondido entre enaguas,
del amor un mercenario,

declaro, y que quede claro,
que lo oscuro no es del ciego,
más tinieblas tiene el clero
en su cruz que el holocausto.

No por nada Torquemada,
Ku Klux Klan y leña verde,
horno crematorio ardiente,
dieron fe a la cruz gamada.

Luzbel no es como lo pintan,
la moral se queja al ver
que esto es placer o no ser:
brujería es rebeldía.

Y llegué hasta Tejeringo,
sin báculo, sin bastón,
sin la ayuda de ese dios
odioso y sin lazarillo.

Continuaré por la senda
dándole aliento y suspiro
al Cantar de Casimiro
blasfemando con fe ciega.

II

A pesar de los cristales
con que se pueda mirar,
ver hacia afuera no, de hecho,
suele ser la realidad;
y aunque puede ser irreal,
ser ciego es ver para adentro.

Un solar sistema veo,
aves veo navegando,
una vela veo al alba,
veo duro, veo blando,
veo verme en un apando,
veo una silueta blanca.

Una sombra que me cuenta
que en cierto bar, colapsado
conoció a ese capitán
sin marineros, sin barco,
naufragando trago a trago,
qué humor negro, me dirás.

Humor negro es un pleonasmo,
le es propio al humor lo negro,
negro por naturaleza
es el humor, te lo apuesto,
cual oscuro un día muerto
y clara una noche en vela.

Así que seguí el camino

por otra ruta desierta,
por ese terreno donde
las visiones serpentean
y viaje adentro te espera
una musa que se esconde.

Una melodía aúlla
el lobo escribiendo al aire
y poniéndote su piel
sentirás que empieza a guiarte
y a través de feas artes,
la belleza ha de nacer.

Ese lobo lazarillo
abrirá tus otros ojos
y hacia las desconocidas
dimensiones del tesoro
donde nunca brilla el oro,
ha de llevarte entre espinas.

Las cactáceas no se entregan,
son esas mujeres duras
de tocar y desnudar,
y tu tacto se acostumbra
a tratarlas bien o de una
te ha de herir su dignidad.

No vino acá a dar Adán,
nada de Eva hay aquí,
lo contrario al paraíso
es este terreno hostil,
donde vuelves a partir

de cero a desconocido.

Y es esa tierra que entierra
a sus vivos y se vive
entre muertos o al destierro
manda a sus hijos y el crimen
es que, entre extraños, tu origen
se muere y queda en suspenso.

Y hay un idioma de ideas
muy idiotas que te enrolla
la lengua y el mismo rollo,
entonándose en el dogma,
te lava el cerebro que, ahora,
divaga en profundos hoyos.

Y hay una mano maniática,
fría, que cobra vivir;
mano que amasa manías
y a todos pinta de gris,
mano maestra sutil
que nos desama, mi vida.

Así es que, en armas estamos,
porque el placer o no ser
es el poder que radica
en imaginarse ver
nuestro encuentro piel a piel
creando un alma que unifica.

Pero no hablo de la masa
que contiene a su efectivo

pluralismo diluyente,
el que ataca al individuo,
que destaca y ha exhibido
lo incapaz de los que duermen.

No es de fiar la relación
que a la individualidad
anula, desde parejas,
grupos, sectas y demás,
menos esa sociedad
que uniformada es que piensa.

Años atrás no existía
para mí una curación,
hasta que en una covacha
un galeno me atendió,
y este excéntrico doctor
me quitó las telarañas.

Aquel diálogo empezó
con mis preguntas respuestas,
monólogo, soliloquio
típico de la cabeza
de un estúpido de ideas
en estampida a lo loco.

Mi querido Doctor Lobo,
óigame, ¿qué me receta?
Estoy siguiendo al rebaño,
¿me estaré volviendo oveja?
"Gente infante, joven, vieja,
no es la edad...", dijo el versado.

¿Oveja con piel de lobo
o estoy saliendo del clóset?
¿Mitad y mitad, acaso,
era aquello pura pose?
No quiero ni con renombre
acercarme así al ocaso.

Con toda paciencia y ciencia,
me respondió el Doctor Lobo:
"No pasa nada, pariente,
que te estás volviendo bobo,
ya que es retecontagioso
juntarte con penitentes".

Y remató así, inclemente:
"Nunca faltan en la tierra
y sobran en esta vida,
y peor que un analfabeta
es un ilustrado a medias
con todo y su iniciativa".

Me fui de aquel consultorio,
el que era más bien caverna,
en ese diván dejando
el peso de mi vergüenza;
ya ligero cual ballena,
me elevé cual aeroplano.

Y la ligereza pesa,
para bien o para mal,
tiempo después, a la larga,
años más tarde, quizá,

Divina Frivolidad,
Don Profundo peina canas.

Puede resultar profunda
la superficialidad,
luego entre más tocas fondo
a la superficie vas;
no me vaya yo a estancar,
que en un mar muerto me ahogo.

Por filosofar te da
tras una terapia intensa,
un deporte de alto riesgo
es caer para quien piensa
en pregonar su existencia
o en predicar ese credo.

El colmo es la propaganda
de ideologías y causas,
y el Partido Consumista
se anuncia como mostaza
o cualquier producto chafa
que un comercial vendería.

Tampoco me iré yo al Tíbet
en toga de Lobsang Rampa,
la túnica no es mi onda,
seguido piso una caca;
por más que hagan alaraca,
el hábito no hace monjas.

De la meditación dicen

que es poner la mente en blanco,
yo prefiero estar en negro
por el revuelto tapanco
que es, más o menos, mi cráneo
donde habita el pensamiento.

De atender tanto a la crítica,
autocríptico me he vuelto,
lo cual no es bueno ni malo
ni lo contrario al reverso;
es por eso que no sueño,
pa' poner la mente en blanco.

Mas pones cara de crítico
cuando me prodigo en mi arte,
escatológico, obsceno,
pulcro o lo que pinches mandes,
todo viene de tu parte
y es que, uno genera empleos.

Por superficial banqueta,
cavilando yo venía
cuando en ésas, que me caigo
en profunda alcantarilla,
y un cerillo no traía
por dejarme del cigarro.

El vicio está a tu servicio
antes de que tú le sirvas,
mi cabeza en confusión,
tras jalarme persuasiva
la oscuridad a sus tripas,

de pronto me iluminó.

Hay una guerra civil
en mi mente y en mi cuerpo,
mis lóbulos cerebrales
no crecieron al parejo,
los dos flancos con mis nervios
juegan pleitos viscerales.

Polemizan, politizan,
pareciendo irse a las armas
cuando ya son en la furia
más que espadas las palabras;
y la guerra es cual la rabia,
que no obedece vacuna.

La guerra no es la extensión
de la política, chance
de la religión por siglos;
la política es el arte
de convivir desiguales
contra un común enemigo.

Mi cuerpo en flanco derecho
padece de fanatismo
y el lado izquierdo es proclive
al vil fundamentalismo,
queda al centro el estoicismo
y mi espíritu en declive.

Lo que con ella no está,
la banda izquierda condena

y en automático pasa,
desde luego, a ser derecha,
ni en el centro se concentra
y el descontento amenaza.

Sin embargo, al fin y al cabo,
tengo dos brazos, dos piernas;
en la correlación, creo,
ésa que llaman de fuerzas,
en una corriente alterna,
no en quedarse en los extremos.

Pero, tampoco la rienda
yo dejaría en neutral;
si fuera, además, mi vida,
un ser unilateral,
dando bandazos, tal cual,
por la existencia me iría.

No soy carne de cañón,
soy causante, a fin de cuentas;
llévensela suave, amigos,
si quieren que los mantenga,
dije a derecha y siniestra
y al centro, a veces ambiguo.

Porque, acá entre nos, el fin
no justifica a los medios
masivos que incomunican
carentes de cara y gesto,
donde la, dime si miento,
división se multiplica.

La frontera que divide,
es donde nada es que fluye;
yo me arriesgo en la aventura
de caminar por la lumbre:
la frontera en que confluye
la cordura y la locura.

Pareciera una utopía
encontrar el justo medio,
uno sale tatemado
si es que se juega con fuego,
y hasta un flamígero dedo
te estará siempre apuntando.

Si haciéndole al Torquemada
dices que soy de derecha,
muéstrame, pues, Maquiavelo,
dónde se encuentra la izquierda;
déjate de tanta mierda,
soy ambidextro confeso.

En los actos y en los hechos,
a las pruebas me remito;
una cosa es lo que intentas
y otra la que te hace mito,
y con esa izquierda, amigo,
¿para qué quiero derecha?

Es la guerra, insisto y sigo,
una radical acción
encubierta y abusiva
de la santa religión

de hacer en la confusión
política a su medida.

La religión, la política
y hasta el deporte, desunen;
y si el que te une es el arte,
es incoherente el que influye
como artista y bien presume
su filiación fascinante.

No es de fiar la devoción
del artista que predica,
patológico en sí mismo
es un exhibicionista
que olvida la disciplina
del otro exhibicionismo.

Es como si un boxeador,
con los puños abusando,
al bajarse ya del ring
siguiera dando madrazos;
profesional, ipso facto,
deja de ser justo ahí.

La oración es acto íntimo,
o séase, templo adentro,
así como, se supone,
aún el voto es secreto;
y los uniformes puestos
son puro hedor del deporte.

La felicidad no vende

y, en sí mimado, aquí mismo
pon carita de infeliz,
que las clases de civismo
se volvieron de cinismo
y, ¡sacaste diez, por fin!

¿Hasta cuándo dejarán
de sentirse los artistas
delincuentes solidarios
con la cursi palabrita
"cómplice", en esa lengüita
de ilegal acomplejado?

Saber jugar con las reglas
del juego, es la subversión,
y ésta es una acción poética;
hay que conocer el guion
para romperlo en la acción
concretamente política.

Un artista nunca encaja
en ninguna sociedad,
mas tampoco es, a rigor,
mandato disidencial;
oculto mi seriedad
tras la cortina de humor.

A nadie gozo humillando
y la única grandeza
que pretendo yo, es que nadie
me humille nunca, su alteza;
mas por bailar esta pieza,

me arriesgaré a su desaire.

Hablar por hablar es signo
benigno, igual vomitar,
que te deja un tanto limpio,
y, así, cantar por cantar
es de bobos cual rezar;
mejor callar, que hace ruido.

Hay una secta de insectos
que ocultos te fisgonean,
tienen una fama infame:
la de comer harta mierda;
y graznan cual garzopetas
estos castratis sin madre.

Al poder dizque critican
haciendo caricaturas,
dibujando monos mensos
se mimetizan, sin duda,
y acaban en la basura
buscando más alimento.

Acartonados y tiesos,
se ven estos cartonistas,
que fintando y zigzagueando
por este país opinan
y, como su historia misma,
caminan dando bandazos.

Ah, qué chamba tan jodida
es vivir de esa manera,

la de pegar por el frente
y cobrar en la trastienda;
así graznan las garzopetas,
si oyes los versos siguientes:

"Me gusta herirte y el chisme,
el rumor, satirizar,
ser criticón, mala leche,
tú difama y venderás..."
Mas, de cualquiera hablar mal,
no habla bien de ti, mi nene.

Y así los golpes de pecho,
también curarse en salud,
estar en las buenas causas,
libran del mal a este club,
que ni el mismo Belcebú
invitaría a su casa.

Pero, bueno, va de nuez
y va de retro, culeros,
como un amigo dijera:
"Hacerle caso a pendejos,
es nomás engrandecerlos...
habiendo tanta belleza".

Con quien tenga buena plática
o buenas nalgas, me voy,
y está de más aclararles
que si tiene ambas, mejor;
constante imaginación
exige el libre aparearse.

No tiene que ser el sexo
un enganche a la asexuada
cotidianidad, mi amor;
una súbita mamada
suele ser, quizá, más sana
que una habitual relación.

Justo ahora es que recuerdo
que amándote se quedó
a la mitad entre el Mago
Feroz y el Lobo de Oz,
aquel chavo que fui yo,
un aprendiz de goliardo.

Me va conduciendo empírica
a la lírica la lira,
como tocarla en las tardes
y sentir cómo suspira
y ya deja de ser niña
y las manos tiemblan y arden.

Es muy común el lugar
que sostiene que la lira
tiene forma de mujer
y un perfume que hipnotiza
y son las cuerdas sus tripas
y te atrapa un no sé qué.

La parte que más me gusta
de mi cuerpo es la guitarra,
aunque no es el instrumento
musical y lo que tú hallas,

es una extensión bizarra,
un miembro integral del cuerpo.

Lo peor que le pasa a un músico
al elegir su instrumento,
es equivocar la apuesta;
lo mejor es el encuentro
inesperado y obsceno
en la feliz coincidencia.

Y en eso una mujer lucha
por su vida ahí cantando
por la noche en su guarida,
cuatro pisos más abajo;
ella, la que está luchando
por su vida, es mi vecina.

Y así es como vengo a dar
más abajo todavía,
de lo profundo a más hondo;
bajo de esa alcantarilla
está ésta que ahora pisa
mi andar cubierto de lodo.

Por largos charcos chiclosos,
van mis pasos sin zapatos
en pos de la azul sirena
que oí cantar hace rato,
y edificio subterráneo
es el que en esto me hospeda.

Soy, sin presunción alguna,

un tanto cuanto imperfecto,
el español, como un sordo
a duras penas entiendo;
en la vida hay un momento
en que desaprendes todo.

El caso es que, pese al trauma,
en una exótica lengua,
sin trabas, con voz aguda
es que canta la sirena;
y entonces toco a su puerta
por un poquito de azúcar.

Nacida, criada y surgida
de los congales de Gales,
su idioma es el congalés
con el rumor de esos mares,
y es un colérico oleaje
su cabellera de miel.

Rompiendo el turrón y el hielo,
"¿Qué te Thomas, Dylan?", dice
en tatacha, argot, caló,
qué se yo, y a señas simples,
un tequila pa' este triste
yo le pido y trae scotch.

Para que burbujas brujas
floten, vuelen por el seso,
aparecen dos cervezas;
porque gesto es todo y texto
es gesto y huele aquí a sexo,

va sobrando la decencia.

La abandonó un marinero
de esos del por ti seré,
que zapateaba elegante
cargándola y, a su vez,
ella se entregaba a aquél
bajo el agua y en el aire.

Nadando a contradesagüe,
vino a dar hace no tanto
hasta esta cloaca infesta,
donde está sólo de paso;
y así me sigue cantando
mentalmente su odisea:

"Para mí sí es un hallazgo
verme viva, corazón;
ya no quiero cicatrices
del rasguño del amor;
liberarme del dolor,
me lo da este canto triste.

"Seguramente bien sabes
que todo empieza en un beso,
así, como agua al beber,
y por acá, piel adentro
hay un gran universo,
en donde puedes caer.

"Hay una interna galaxia
que se estrella en el encuentro

de una cálida mirada
y la figura yo pierdo,
y la cordura al momento
que se desintegra el alma.

"Y hay algo que se desliza
como una loca serpiente,
el aliento es ya un jadeo,
y tengo aquí entre la mente
cierta cosquilla indecente
que me corre por el cuerpo.

"Hasta arriba quiero estar
ahora que tú me tienes,
sí, más allá de la cima,
desde estas sábanas leves
en este sábado ardiente,
y por siempre en este clímax.

"Y está este rumor, amor,
en el tibio amanecer,
en sutil rumor de amarte
y el perfume del café,
el aroma de tu piel,
el rumor que hay al nombrarte.

"Y aunque no me reconocen
las paredes, me despierto,
a tu rostro y a tu voz
se las lleva un río revuelto,
mas en la locura quiero
darle un beso a la razón.

"No me quiero arrepentir,
no daré ni un paso más,
si es que nuestro amor murió,
no seré tu sombra ya,
así le escupí en la faz
al marinero traidor.

"¿Quién te crees, tú, galán,
al romper un corazón
que fue a parar en pedazos
a tu oscura colección?
Por el frío en tu interior,
por fuera te irás quebrando.

"A tu piel no volveré,
nuestros labios al besar
ya no tienen el sabor
de lo que era tierra y mar;
se partió por la mitad
esa anfibia relación".

Un tanto cuanto científico
es el final de este cante,
lo romántico se ha ido,
de pronto, de su semblante,
que, como en cuarto menguante,
es luna que pierde brillo.

Es un rincón de Neptuno
la habitación que la aloja,
mas huye de la pecera
sintiendo que más se ahoga;

se va dejando un aroma
a entrepierna de sirena.

Cual destapa-coños quedo,
con cara de haba, perplejo,
aquí por los albañales
parece que represento
la Vida del Fontañero,
y sigo a contradrenaje.

Y aunque ustedes no lo crean,
por este bello paraje
de sub- subterránea traza,
también hay ambulantaje,
no sólo de heces fecales
sino de discos-pirata.

Y sigue la rola dando,
viene, viene, viene, viene,
echa una oreja a este disco,
que, como el gobierno, tienes
la canción que te mereces
con todo y el merolico.

Un país-piñata érase,
donde no había nada,
aunque les parezca raro,
mas que hacer discos-piñata;
bara, bara, bara, bara,
lo barato sale caro.

Y un país-puñeta había,

donde sólo te quedaba
hacerte un tanto a la idea,
de, en una eterna posada,
romper discos-piñata
al son de puras puñetas.

Cuando ya se pone pinche
eso que es la realidad,
acuden mejores tiempos
en holograma mental,
una escritura total,
que algunos llaman recuerdo.

Y al deshacerse la bruma
va apareciendo aquel pueblo
que se fundara a la vera
de ese pozo petrolero,
Edén de los Torraqueros
entre casas de madera.

Se nombraba torraquero
al cabrón que fisgoneando
la barraca por rendijas
desde abajo, por los lados
y hasta allá arriba volando,
se graduó de voyerista.

Aún se siente en el aire,
revoloteo de hormonas,
el trópico con su magia,
las bellas progesteronas
que atrapan testosteronas
en la hipnosis de su danza.

Y aquí tenemos a tantas
parejas disfuncionales
que funcionan bien, me consta,
pues veo multiplicarse
la felicidad en tales
evas y adanes que gozan.

Doña Mary, la Chiruza,
amó al teniente Rangel;
en todo el mundo, señor,
por siglos, junto a un cuartel,
pegado está algún burdel,
y eso también es amor.

Y la típica pareja
de puta y sardo se abraza,
memorias del Cuartel Viejo,
donde aún cuelgan hamacas
debajo de las barracas
elevadas de aquel suelo.

Y sacaban la consola,
el mueble en los escalones,
y todo el barrio bailaba,
entre la caña y un toque,
"cumbia de la medianoche,

cumbia de la madrugada..."

Más allá, se oía triste
ese canto solitario
en la noche que cubría
ya con su moreno manto
el pueblo que, por encanto,
desde un cerro azul surgía.

A las faldas de aquel cerro
conocí a la Niña Vieja
en una choza de otate
debajo de una palmera,
cuando iba yo a la molienda
junto con todos mis cuates.

Nomás por echar relajo
se prestaba la perrada
para sacarle al carrizo
el aguardiente de caña,
brava y de muy buena casta
como los mismos toritos

Y más de uno se quedaba
tirado en la yerba loco
para levantarse al rato
con garrapatas al lomo,
mientras aullábamos otros
danzando más que mareados.

En una de ésas fui a dar
hasta el umbral de su puerta,

como trompo zumbador
me tropecé y quedó abierta;
entonces la Niña Vieja,
muy suave, me recogió.

Aunque parecía hermosa
bruja envuelta en el rebozo,
no sé si era curandera,
el caso es que me dio alojo
y me alivió con un trozo
de zacahuil y cerveza.

Fue así que cambié la Química
por la Alquimia de la Niña,
y, saltándome las trancas,
a su choza yo me iba;
esas clases prefería
que las de la secundaria.

Aquellos atardeceres
me enseñó la Niña Vieja
sus artes inmateriales
que en todo el cuerpo se quedan;
si pruebas otras materias,
reprobar te vale madre.

Porque al volver al pupitre,
esculcando la mochila
y, hojeando un libro de texto,
pregunté a la Mona Lisa
que qué hay en una sonrisa,
y se encerró en el misterio.

Hasta hoy lo tengo claro,
es un acto subversivo
amarse cuerpo a cuerpo;
y aunque aquélla y yo lo hicimos
fuera del mundo y su juicio,
no falta el chisme al acecho.

"Pueblo chico, infierno grande",
bien lo dicen y sostienen
quienes han estado cerca
de la ardiente leña verde;
y era un montonal de gente
contra aquella Niña Vieja.

Desapareció, de pronto,
porque ya venía el pueblo
a su choza con antorchas
para darle fuego eterno;
no era bruja es lo que creo,
porque ahí dejó su escoba.

Cuando ya se pone pinche
el recuerdo en holograma,
hay que volver a este tiempo,
al que los clásicos llaman
Realidad, ahogada en caca
desde inmemoriales templos.

Y siguiendo a contracloaca,
más abajo no quiero ir
y hallar a Dante y Virgilio,
que una comedia, Beatriz,

aunque divina y feliz,
no me Alighieri el exilio.

En este asilo poético,
con ella en mi mente, juro
dar con la Isla de Dos;
y ella viene del futuro,
pero, por su look vetusto,
parece chica a-gogó.

Quizá anda en la moda retro,
no obstante, así de sencilla,
entra a la alcoba revuelta,
que es mi corazón, en linda
minifalda de mezclilla
y sus finas largas piernas.

Y ya se quita las botas
que son para caminar
pasándote por encima,
por toda tu humanidad,
y como que oigo en flashback
cantar a Nancy la Diva.

Por la informal camiseta,
su lacio cabello negro
se resbala lanzando
intermitentes destellos,
como rayos en el cielo
y en su mirada naufrago.

Y luna adentro, sus ojos
me dan la señal solar,
y a la deriva, por hoy,
voy yo deseando, quizá
en cierta posteridad,
dar con la Isla de Dos.

Jugando a luz y tinieblas,
sin rodeos ya me dejo
llevar por ese temblor,
y al suave toque del cuerpo
mi tacto se porta, en eso,
como un orate escultor.

Sin más, así, de repente,
sin un previsor aviso,
es que las cosas causales
casuales se dan al tiro,
en un recodo del limbo
o en desértico paraje.

Y la brújula hacia el norte
nos apunta y enloquece,
y luego hasta pareciera
que a los dos aquí nos pierde
al dar con la isla inerte,
que desierta no despierta.

Porque ya no es ilusión
tras de tanto zozobrar
en las calles boquiabiertas,
nunca jamás se dará

un baldío despertar,
porque, isla, eres nuestra.

Adiós Mujer del Futuro,
diste luz a mi sendero
por esta Monstruociudad,
que se esconde bajo el suelo,
porque ese es el fiel reflejo
de lo que allá arriba está.

Acá también hay plantones,
bloqueos, marchas y huelgas,
y esos congestionamientos
en el tráfico de mierda;
y ahí está el que te la mienta
con dos, tres balas al viento.

Y algunos de los de a pie,
son los hombres-barricada,
que, estorbando por la vía,
no permiten pasar nada,
que el reprimido, a la larga,
en represor finaliza.

Bienvenido a Frikilandia,
donde a toda hora el metro
es un tianguis sobre rieles
con desafinados ciegos,
la mujer-rockola luego
y el ruido que hiere y hiere.

En frente de la embajada,

la de gran ostentación,
aparece un saltimbanqui,
merolico y orador,
en la manifestación
un tanto cuanto antiyanqui.

Marginal, alternativo,
indie o antrocultioscuro,
llámenlo como les plazca,
pero el colmo del submundo
es que acá, mis vagabundos,
también es que hay embajadas.

Por la corrección poética,
aquí hasta las aguas negras,
de intención discriminante
y de racismo, se quejan;
para todos hay banderas
o de anti-todo estandartes.

Antaño los granaderos
los mítines reprimían,
ahora al manifestante
el granadero lo cuida,
lo bien protege, lo guía
y hasta permite el desastre.

Dale al vándalo inconsciente
licencia para matar
y ejercerá desde abajo
abuso de autoridad,
y el influyentismo tal

llegará a fascismo al rato.

Desde el lugar más pequeño,
la cantina, alguna cueva,
a los grandes restaurantes,
gobierna aquí la estridencia,
que a poesía ya ni llega,
mas mantiene al buey campante.

Mala copa el compatriota,
tal parece que se empeda
pa' ponerse más pendejo
y de plática ni huella,
puras onomatopeyas,
trabalenguas y bostezos.

Casi pisando algún homeless,
clochard y vagos unidos,
llego ya a las catacumbias
donde danzan perseguidos
por su credo los jodidos,
que en el silencio se juntan.

Algunos llevan ya siglos
esperando cierto día
emerger hacia la luz,
la que dicen que ilumina
entre el smog, gasolina
y el ozono mío azul.

Pero, chance, sus profetas
confunden azul con gris,

de noche todos los gatos
son de un pardo pedigrí,
y circulan por ahí
tantos cuentos y relatos.

Esta ciudad es leyenda,
mitológica, además,
es fantástica, es enorme,
una cosa colosal,
pero en feroz animal
se nos convierte y nos come.

Ese llano ya no está,
la laguna bella aquella,
con sus venas de arroyuelos
por pirámides, iglesias,
rascacielos, hoy, apenas,
río es de pavimento.

Es una alucinación
como entre cruel y perversa,
una vil malformación,
en concreto: es una esencia
contra la Naturaleza,
excesiva y sin color.

Sin más, te salta y te asalta
y es pesadilla tu sueño
en esta Monstruociudad,
que, en la cultura del miedo,
te va del temor haciendo
ese tumor cerebral.

Sin embargo, súbitamente,
vuelve a su amabilidad
y hallas en tantos millones
todavía en quien confiar;
en esta guerra voraz,
es heroica y es muy noble.

Es una fina persona
en los momentos de paz,
es, tal vez, su esquizofrenia
entre mortal y vital;
Doctor Jekyll/Mr. Hyde
son uno en la convivencia.

Una erupción contenida,
una lava que sofoca,
un asfaltado volcán
con dura cara de roca,
que enloquece y luego explota,
es esta Monstruociudad.

Cuando de alguien hablas mal,
generalmente, aparece;
aguas con lo que deseas,
que se te cumple y sucede
que, de excremento, un torrente
me aborta de aquella celda.

Y heme aquí en el exterior
de las entrañas del Monstruo,
ciudad de mis mil amores
y, a veces, un poco de odio,

pero ahora es tiempo de ocio
y ver brotar los colores.

Será cosa del bio-ritmo,
será el sol o las estrellas,
será mi ciclo vital,
pero el invierno da fuerza,
pues me aburro en primavera
y recojo lo que cái.

Y cae la tarde en la noche,
hora ya del atolito,
de tamales oaxaqueños
o de elotes calientitos,
de churritos y otros fritos
y de bisquets callejeros.

Por el barrio varios duendes
locos se oyen pregonando
cosas llenas de ilusión;
figúrate a los goliardos,
imagina a los gitanos
y tendrás una canción.

La ciudad es pueblo grande
y un infierno más bien chico,
siendo todo lo contrario
del multicitado dicho,
ser debería así mismo,
mas sólo lo estoy deseando.

Pueblo grande, infierno enorme,

mas, no obstante y sin embargo,
en el aire flotan gases
y ese sol en el ocaso,
como al óleo, a pincelazos
hace un precioso paisaje.

Así es el romance aquí,
abrazados en la euforia
de aquel embotellamiento,
esa foto de memoria
me la regaló una novia
en cierto asiento trasero.

Y varios cuadros colgados
sostengo en la galería
de mi mente, que es museo,
aunque andando por la vida
de vagaldrabas al día,
siempre prefiero el bluseo.

Para Mónica una armónica,
para Queta pandereta,
guitarrita para Rita
y hasta un cuello de botella
para ella, la más bella,
la del nombre que me excita.

Para la que aguanta un piano,
de Scott Joplin un ragtime,
que el abuelo de la Janis
era un negro very fine,
y un godspel angelical

para Angélica y la Gaby.

Yo ni esfínter te controlo,
 pero canto como perro;
la inmortal Sesentaiuno,
carretera en blanco y negro,
 la recorro en largos sueños
y dormido hablo y aúllo.

Mientras a ti te bautizan
en el Jordán y revienta
toda tu fe en un mareo,
yo me lavo en aguas puercas
las manos y la conciencia
y continúa este sueño.

Entre mi farra pagana
y tu rito espiritual,
debe haber un acomodo,
que, tal vez, no está en el jazz,
salvo aquel de Nueva Orleans,
que contiene a un santo beodo.

En una barra de Bourbon,
la cuadra del frenesí,
beberás un viejo ajenjo
y en un blues podrás oír
al rubio que canta así
por no mirar que no es negro.

No se lo ha dicho ninguno,
y aquí no ver es regalo

para no tener prejuicios,
sólo el alma para el canto;
sigue tocando y bramando,
Bryan Lee, ciego divino.

Del más Jaime de los Jaimes,
"Mójame la brocha", entona,
como al compás de Stravinsky,
con voz ronca, la rockola,
y una mulata hace olas
y en ese rincón huele a whisky.

M'ice pipí y Juan, herido,
¡qué chingaderas son éstas!,
dice clavado en la lira
con ese olor a madera
entre algodones y abejas,
con el sudor de las pizcas.

Sé qué es nacer en el ojo
del huracán y el caimán
ver cómo, un tanto sonriente,
sale del río a cantar
bajo la lluvia tenaz,
mostrando todos sus dientes.

Sé del día vuelto noche
y del signo que es marcado
por la gran Serpiente de Agua
en su postrer coletazo,
que te tiene destinado
al peligro karma a karma.

Sé que llegará el momento
que lo vivido, en mis ojos,
una síntesis será;
y de este lúcido modo,
al considerarse ya todo,
seré así un ciego total.

Completo blackout es eso
que nombrar no se desea
o que al hacerlo, prudente,
discreto, tocas madera,
y que a ti no te suceda
muy y tan urgentemente.

Repentinamente piso
un boquiabierto agujero,
que, en voraz glotonería,
sin escalas y directo,
me deposita en el recto
de la boa-alcantarilla.

Por lo visto, los impuestos
no trabajan por el rumbo;
baches, topes repentinos
y estos hoyos nauseabundos
enviándote a lo profundo
de este pinche Infierno Quinto.

¿Por qué calles cacarizas
si hay petróleo para rato
y hasta sobra el chapopote?
Un chingo de dinosaurios

por aquí se hicieron caldo,
que me llega hasta el gañote.

Lo que alcanza a mi barbilla,
lo que invade ya los labios
y penetra por la boca,
no es un sabor delicado;
sabe este líquido raro
a cadáver de la historia.

Bajo el consomé aceitoso
algo como peces palpo,
sin embargo no son seres
que se sientan palpitando,
y no quiero ni pensarlo,
mejor soltar a estos entes.

Huele a fuga de cerebros,
la que se da al interior,
no tanto, como se piensa,
al infinito exterior;
y apesta a mutilación
de talentosas cabezas.

Buso no soy como buzo,
pero detecto el delirio
de burbujas mal heridas
con subacuático oído;
algún desaparecido,
algún cuerpo en agonía.

Tocándome suavemente,

aparece una escafandra
que me da la mano y pienso
que ha de ser algún fantasma,
 pero adentro, al esculcarla,
hay tan sólo un esqueleto.

Con el debido respeto
y pidiéndole permiso,
me pongo el traje de buzo,
anticuado y muy raído,
pero que tiene un tubito
pa' respirar aire impuro.

Por estas aguas espesas
me voy abriendo camino,
presumiendo sin reparo
mi personal submarino,
lástima que no hay hoy mismo
fotógrafos a mi paso.

En un giro de mi casco,
doy con múltiples montones
de algo que parecen piedras,
pero que son corazones,
calcificados horrores,
al pie de enorme escalera.

Es la sagrada pirámide,
algunos suelen nombrarlo
ritual tributo a los dioses
o sacrificios humanos
en lo inhumano aceptados,

todo según el enfoque.

Gringos antes de los gringos,
Imperio antes del Imperio;
ya entiendo a los tlaxcaltecas,
azorrillados por ellos,
aliándose al extranjero,
al malo de la novela.

Oscurísima prehistoria,
tal pareciera que el punk
y el diabólico metal,
por acá se patentó;
siglos de anticipación
y el país a todo dark.

Teponaxtles, huéhuetls, flautas,
reposando me recuerdan
cuando el sonido era puro;
culpemos a la vihuela
por traernos la viruela
violando al aire impoluto.

Entro al Antro de la Noche
Triste y los antepasados,
en las vencidas mentales,
brazo a brazo están trenzados
y el mestizaje traumado
lucha a espadazos verbales.

Penachos, flechas y lanzas,
arcabuz, yelmo y caballo,

unas bien quemadas naves,
hostias, cruces, sotanazos,
tren, cananas, sombrerazos,
son los restos que aquí yacen.

En un cofre está el tesoro
con anillos de caudillos
y monedas devaluadas,
cuentas de brillante vidrio,
más billetes sin sentido,
¡y ya chole con Sor Juana!

Don Catrín de la Fachenda,
Villaurrutia, Gabilondo,
Rulfo, Serna, Ibargüengoitia,
Abel Quezada, El Piporro,
son los héroes valerosos
que nos dieron patria y gloria.

Porque luz ha habido, es cierto,
en lo más pinche sombrío
de esta ruin cloaca postrera,
de este culo del abismo;
pero insisten los ungidos
en vendernos luz a fuerza.

Pero quedan dos, tres, discos,
desde Toño de la Villa
hasta Alberto el Pajarraco,
pasando por la Culissa,
que deben estar arriba,
perdidos en el espacio.

Además libros libérrimos,
del Miedo a los Animales
a Función de Medianoche,
con esos Diablos Guardianes
y un pobrecito elegante
Señor Equis en el porche.

Al firmamento de plata,
titilando van a dar
de este cine sólo dos;
si es cuestión de adivinar,
aunque me digan Caifán,
llámenme Mike, por favor.

Excepto los moralistas,
en lo tocante a pintura,
la familia muy bien, gracias;
como sé que, cual criatura,
Miss Universo es cultura,
de escultores no sé nada.

Y de toros y deportes,
son los lúcidos cronistas,
al final, los que destacan;
por lo que, sin más noticias,
agarremos autopista
y a bailar vamos a Chalma.

Ah, qué bien me siento dentro
de esta cábula escafandra,
lejos del ciberespacio,
aunque aquí también hay caca;

pero, bueno, la migraña
no me da más de arañazos.

El espacio era tangible,
y ahí sí, literalmente,
el hombre llegó a la luna
allá en el sesentainueve;
erótica extraterrestre
fantasía aún me zumba.

Pues, de manita sudada,
yo y mi novia pueblerina
íbamos aquella noche
y al satélite allá arriba
miraba ella y me decía:
¡Qué romántico derroche!

Ella, en místico delirio,
por aquellos tres rezaba
mientras a mí los calzones
sentía se me mojaban,
y en un lunático a ultranza
me convertí desde entonces.

Y me volví, desde luego,
también un cursi intensivo
siguiendo siempre el olor
de la Dama del Perrito
del Che Job, el argentino
que sufrió abusos de Dios.

Sí, claro, porque Dios manda,

periódicamente, pruebas,
sobre todo, a los ateos,
de su divina existencia;
y son, aunque no las crean,
irrefutables, ¡groseros!.

Las Sangradas Escrituras
no son para discutirse,
¡de rodillas, picadores
de carnes con almas tristes!;
que cohabitar por la libre,
es vivir fuera del orden.

De repente, mi inconsciencia
me juega bromas pesadas,
como lo han escuchado
en las sextetas pasadas;
mas volvamos, de volada,
al audaz sendero laico.

Luego me pongo a pensar
que es gran cabeza el planeta
y debe doler, de pronto,
el tener muchas ideas
encontradas y dispersas,
en repulsa, para colmo.

Muy mareado está este mundo
no de las vueltas que ha dado,
sino del tumor que causan
los bichos parasitarios
autonombrados humanos,

que de joderlo no paran.

Y no es cuestión de estallar,
ya pasó el Apocalipsis,
vienen plagas y pandemias,
herpes, sida, nueva tisis,
y resisten tanta crisis
estos zombis que te enervan.

Energúmenos furiosos
que luciérnagas trituran,
su fosforescente panza
las tinieblas les alumbra;
esta noche, así, sin luna,
no salgas al pan, mi amada.

Si las brujas fueran bellas,
serían las bellas brujas;
si las rucas fueran chavas,
serían las chava-rucas;
mujeres de antaño gustan
cuando como mozas aman.

Pero antes de que me caiga
la censura alternativa
y su santísimo oficio,
moza aquí no significa
chacha, gata, criada o niña,
sino púber sin prejuicios.

Si supieran que la media
edad es como la Edad

Media, que en su oscurantismo
profundo bien puede hallar
por las rendijas, me cái,
luz el ciego más perdido.

Voy recogiendo estas páginas
de la Historia, deshojadas
por este viento del tiempo
que ulula en muda tonada
lo que escribieron las hadas
con el corazón al viento.

Si fuese épica la lírica,
y al revés, se tornaría
íntimo cantar de gesta
y el mester de juglaría
de clerecía sería
y a la inversa y viceversa.

Es como si yo creyera,
entre brumas y color,
que, de un modo medieval,
por espontánea ignición,
fue así que el Todo surgió
desde la Nada abismal.

Como recién creado homúnculo,
al ir pisando y tocando
la más honda alcantarilla,
veo la luz y ya exclamo:
No es que la he recuperado,
¡es que ahora tengo vista!

III

Vida mía, no requiero
de un sutil toque de queda,
no necesito ni espero
llegue una global pandemia;
ni que manipulen ellos
estadísticas con datos
que a su antojo van inflando,
mientras el control es de éstos
lo mío es la claustrofilia
mucho antes de todo eso.

Quien quiera, pues, hoy en día,
que rece su Padre Nuestro,
el Rosario, Aves Marías,
que haga mantras, diga en verso
el Capital o la Biblia;
por mi parte, sólo escribo
y al encuentro sorpresivo
de imágenes repentinas,
vivo mis visiones féticas,
no esa hipnosis colectiva.

Por puro exhibicionismo
todo mundo está en el chisme,
en el sensacionalismo
poco queda de creíble;
es bueno contar contigo
procurándonos placer,
me introduzco en ti, mujer,
y al sentirme tuyo y mío
es por nostalgia del útero,
no por complejo de Edipo.

Y saco a orear mis espectros
por esta ciudad a solas,
nos toca un vagón del metro
por cada extraña persona;
hora por hora, en efecto,
el día van limitando,
vedando y como cercando
los lugares de recreo;
sexenios atrás la noche
fue acotada puesto a puesto.

Por los cafés dejó mudos
la Ley Mordaza emergente,
es por eso que hace mucho
sólo soy el Disidente
de la República y punto
y seguido, como dicen,
a continuación, si insisten,
y a petición de ninguno,
verán de lo que se crean
estos encierros por gusto.

Los encierros están hechos
de venir pidiendo esquina,
de volver a ser un feto,
de los cactos que alucinan
con mi infancia en el desierto,
de la luna que asomada
hace un cuadro en la ventana,
de retratos y bocetos;
desde luego que no hablo
del encierro de los presos.

Los encierros están hechos
de un exilio voluntario,
de ser toro y ser torero,
del espíritu quebrado,
de retazos y desechos
recogiéndose a deshoras,
de papeles hechos bola
y, quizá, de algún soneto;
por supuesto que no aludo
al encierro del obrero.

Los encierros están hechos
de este múltiple uno mismo
que en lo íntimo yo enfrento,
de este público cautivo
con su aplauso y su abucheo
que me exige, me asesina,
me revive, me fascina,
de ese eco que hace el ego
y, en efecto, queda claro
que no hablo por el pueblo.

Los encierros están hechos
del raído diccionario,
de lo nuevo pronto viejo,
del silencio con sus cantos
que se van ahí escribiendo
en la cinta de un cassette
al derecho y al revés,
del encierro por encierro;
no se trata, obviamente,
de ese encierro que es a huevo.

Los encierros están hechos
de habitarte como ausencia,
de fajar con tu recuerdo,
de jugar con la indecencia,
de suspiros y jadeos,
de la niebla transilvana
de una extraña madrugada,
de paredes, piso y techo;
de eso y más y faltará
están hechos mis encierros.

Mis encierros están hechos
de los libros que no he sido,
de la máquina del verso,
de ese péndulo obsesivo
donde se columpia el tiempo,
del rasguño de la trompa
del fonógrafo que entona
una tradición que invento,
de las calles de memoria,
de este vino que me bebo.

Mis encierros están hechos
de política de caño
al dejar de manifiesto
las toxinas en el baño,
de los cuentos que ahí leo
y de toma de conciencia
cuando falta la cerveza,
de una lucha por lo cuerdo
y de un guato de locura,
de este pan que mordisqueo.

Mis encierros están hechos
del perchero mal vestido
donde pongo mi pellejo,
del crudísimo delirio,
de amolados amuletos,
de brassieres olvidados,
de fetiches, de espantajos,
del mismísimo reflejo
de este simple estar a solas
con mi gesto en el espejo.

Mis encierros están hechos
de las cartas que se sacan
de la manga del correo,
de encontrarme en la guitarra
hasta dar un do de pecho,
de fantasmas rutinarios
que en el clóset he colgado,
de la cama a la que dejo,
entre discos no nacidos,
todo el peso de mi sueño.

Mis encierros están hechos
de bajarme lo masivo
y dejar el trato abierto
de individuo a individuo,
de plancharme bien el cuerpo,
de lavar el alma mía,
de cargar las baterías,
de ponerme muy entero
para estar con lo demás
en alguno que otro entierro.

Que la Muerte, Vida mía,
por ahora no nos toque,
hoy que nos llega este día
hecho aquí de mucha noche,
yendo allá a la todavía
sorprendente, inesperada,
seductora, extraordinaria
dimensión desconocida,
donde pierdes la razón
y encuentras tu propia vía.

Pues nací deschavetado,
más orate que un cabrito
dando inexplicables saltos
al borde del precipicio,
mas me fueron educando
a punta de puros sustos,
porque éstos no vienen de uno
sino de quien está al lado:
mamá, papá o la vecina,
que te hacen entrar al aro.

¿Por qué si emerges feliz
a este círculo mundano,
muy pronto te hacen sentir
no merecer el regalo?
Esta cosa tan sutil
te la quitan poco a poco,
luego parece de bobos
recobrar al sonreír
la felicidad perdida,
robada, quiero decir.

Al ver a bebés babeando
entre la luz y las brumas
con la mente casi en blanco,
me da una loca ternura;
en este momento exacto
renace la fe ilusoria
de que otra será la historia
antes de alterar sus actos
y vengan a repetir
errores ajenos rancios.

Su propio modo de hablar
te la pasas corrigiendo,
su propia forma de andar
marcas y vas dirigiendo,
su propio estilo de amar
siempre estarás criticando,
y habrá tu influencia llegado
a su manera de odiar,
por lo tanto, no te quejes
si no está en su funeral.

Porque peculiar no fue
el suceso en que murió,
ni de ningún interés
las memorias que dejó,
y su biografía, pues,
es un tanto impersonal,
su obra nada original,
ni muy digna de dar fe,
pero viene la película,
porque lana, lana es.

Con el reconocimiento
le devuelven solamente
un poco de sus impuestos,
después de que lentamente
el éxito le vendieron;
pero quería, de veras,
su felicidad de vuelta,
mientras con sombrero ajeno,
curándose así en salud,
hacen caravana aquéllos.

En la Feria de la Vida,
la Rueda de la Fortuna
te pone, a veces, arriba
o abajo, según la luna,
menguándote la alcancía,
creciendo en la adversa apuesta
y, en eso, la bolsa llena,
nueva suele estar vacía;
mareos de carrusel
sientes que te aniquilan.

Empiezas a blasfemar,
con todo y sus consecuencias,
rompiendo el silencio, audaz,
en medio de la tragedia,
viene la muy personal
rebelión contra el destino;
mirando hacia el infinito,
escupes al más allá,
y es en tu propio gargajo
que te verás naufragar.

Que la Vida, Muerte mía,
nos conceda dos deseos:
tocarnos la frente fría,
regresarnos el aliento...
y amaré todos los días,
todos segundo a segundo,
todos minuto a minuto,
sin celosa alevosía
y sin odiarme a mí mismo
como el prójimo lo haría.

Desde el fondo de mi ego,
yo supongo que el embrión
sigue siendo el primigenio
pedacito de carbón
que brota, al calor del juego,
de ese chispazo divino
femenino/masculino,
cuyo color en aumento,
lento, al rojo vivo llega
y así es como se hace el Fuego.

Por las venas corre lava
y es el corazón volcán
que late y el alma en llamas
tras de lo ignorado va,
a la doma aventurada
de montar a pelo el potro
casi dócil, luego bronco,
que es el cuerpo que la llama;
y el espíritu despierta
envuelto en la piel extraña.

¿Somos el recuerdo, acaso,
del penúltimo suspiro
de lo que desde el ocaso
pareciera que es el guiño
de un viejo sol solitario
tras de la faz de Selene
para que plena refleje
esos moribundos rayos?
Durante la noche, entonces,
¿será, pues, que reencarnamos?

Más allá de la arrogancia
de decir nada me asusta,
quiero contar que, en la infancia,
al arder en calentura,
el desvariar me encantaba;
imaginar a través
de la fiebre a flor de piel,
era gozar en la cama,
y un cálido escalofrío
mi desnudez cobijaba.

Por eso el delirio anima
de la desgracia a elevarse,
su lumbre nos ilumina
y vemos barcas lanzarse
como ánimas peregrinas,
bogando a contracorriente,
a descubrir continentes;
ya es la hora, vida mía,
de dejar esta tristeza,
de abandonar estas ruinas.

Estar cerca de tu fuego
atizándolo muy suave,
simplemente es mi deseo...
y no dejar que se apague;
porque tu fuego en mi cuerpo
heridas me cauteriza,
la mente me purifica
y al sentir que me renuevo,
no necesito mirarme
en narcisistas espejos.

Y dicho sea sin queja,
que lo que no hacen los padres
por nosotros, nos los dejan
de tarea a los amantes;
y tirados en la acera,
henos aquí reinventándonos,
en lo ignorado tocándonos
como incendiando las velas
de este barco loco nuestro,
que es así como navega.

No ha venido del infierno
toda esta lumbre, esta hoguera;
nos llegó, más bien, del cielo,
ése que, a la vez, alberga
la limpieza y lo siniestro,
haciendo de la pasión
nuestra única razón,
y después de tanto intento,
en los rostros calcinados,
centellea aquel recuerdo.

Porque érase que se era
que fue en la noche del tiempo,
en la oscuridad más densa,
cuando ocurrió ese suceso
en que en la recia tormenta
un pobre árbol esquelético
recibió aquel toque eléctrico
y nació aquella leyenda
que, al pasar de boca en boca,
aún circula en la senda.

Aquel ancestro lo vio,
del cielo cayó el relámpago
que al árbol frío incendió
y sintió algo en el encéfalo...
los pedernales frotó
y de las lúcidas manos
de aquel primitivo mago
cierto chispazo brotó
y de este modo, se cuenta,
fue que el Fuego apareció.

Y ese soplo que ya va
flotando suave en su vuelo
y se siente deslizar
por el brazo entre los vellos,
es lo que has de respirar
al lanzar el grito aquel
cuando se corta al nacer
el cordón umbilical;
algunos le dicen aire,
Viento, otros lo han de nombrar.

Dicen que viene la calma
después de la tempestad,
la Muerte sosiega el alma,
la Vida es un vendaval
y un remolino fantasma
es el Tiempo barajando
las hojas del calendario
con tus nervios en sus cartas
cual diestrísimo tahúr,
quien en un albur te mata.

Al son de la ventolera,
que te levanta de pronto,
pareciera que uno vuela
entre nubes y es un gozo;
es tanto lo que te eleva,
hasta que una ventolina
suavemente te aterriza
a la realidad serena,
y aunque tratas de ubicarte,
la brújula ya te tienta.

Sí, y allá vas, a perderte,
aspirando a lo más bajo,
retando a la astuta suerte,
por la libre y sin atajos;
echando a aprender se pierde,
 lo repito una vez más,
que mis clichés, además,
casi nadie los atiende;
tras de probar las alturas,
el inframundo te envuelve.

La Inspiración se provoca,
no es,cual dicen,diez por ciento,
y horas nalga la otra cosa,
con transpiración del seso;
haciendo el molde uno goza
la rutina pa' que caiga
la citada, la invocada;
al placer de tanta joda,
ya verás cómo estarás
inspirado a toda hora.

En la atmósfera viciada
el Ser Urbano es Rey Beodo,
más allá de propagandas,
no pidas pedas al sobrio;
cuando los campos extrañas,
y uno que otro lindo río,
de lo que nunca has vivido
pareces tener nostalgia;
viniendo de allá, yo aprecio
el papel que limpia caca.

Inhalando un smog puro,
mis alveolos son las hojas
de unos árboles oscuros
que al oxígeno trastornan;
mis pulmones son, incluso,
el fuelle de un acordeón
resoplando con furor
una polka aún en uso;
y hasta involuntariamente
fumo cuando nunca fumo.

Aquí me aventó el tornado,
al urbano laberinto,
donde se juega a los dados
y el callejón es casino,
donde los rudos muchachos
se entregan a la ruleta,
que es, sin fondo, una botella;
y mis últimos centavos,
en la cura de la cruda,
por el éter van vagando.

La lluvia en el parabrisas
de este gran camión carguero
a mis ojos acaricia
mientras me cuenta el trailero
con su voz, que es melodía,
historias de carretera,
y agradezco, de a deveras,
el aventón salvavidas,
pero ahí en la encrucijada
me bajo y el Diablo atisba.

Alguna vez me dijeron:
"Si abandonas este hogar,
hijo mío, no hay regreso",
y, tras no dar marcha atrás,
ando por este sendero
a la vez triste y alegre
tarareando aquí en mi mente
aquel buen canto mixteco,
y cual hoja al aire voy
a donde me lleve el Viento.

Érase un reloj de arena
hecho un poco de desiertos,
dunas, playas y de estrellas
que han caído acá en los huertos
de un excéntrico planeta
con tres cuartas partes de agua
en su sustancia global,
y que debiera ostentar
el nombre de esa abundancia,
pero que se llama Tierra.

¿Qué por qué? No lo sé. Yo
sólo sé que no sé náhuatl,
vengo de un destierro atroz,
más frío que el Ixtazíhuatl
y el Popo, juntos los dos;
y aunque es una cuarta parte,
bajo el agua está el detalle,
fuera de apariencias soy,
de la superficie al fondo,
un terrestre valedor.

Se me sale lo Cantinflas,
muy maquillado de hollín;
prestigio aparte, me inspira
hablar profundillo, en fin,
muy catrín, en buena lingua,
y a muchisísimo orgullo
presumirles el terruño
del modo en que parlanchinflas
y el breviario cultural
fue por cortesía mía.

Pero, volviendo al destierro,
éste es peor cuando sucede
aquí, en tu propio terreno,
y eres aislado por seres
que son aliados primero,
luego a un asilo poético
te destinan cataléptico;
te salva del desconsuelo
sólo tu soledad, brother,
llevando bien el encierro.

El mundo exterior enorme
se reduce a una ventana,
análoga día y noche,
digital en madrugadas;
la ciudad se llena entonces
de fantasmas pueblerinos,
muerta o viva es lo mismo,
son la gente que conoces,
y ése es tu mundo interior,
y en eso pasa un cenzontle.

Los terrenales sonidos,
zumbando, se desvanecen,
se van al desván tranquilo
de la sordera que crece,
y es cuando extrañas el ruido
y, en extinción, en la esquina,
bronca, una moto respinga
sacándote del ronquido;
en la zona del silencio
cantas a tientas tus himnos.

En una voz masculina,
ebria y muy desafinada,
y en una voz femenina
sobria y tan bien entonada,
por allá en la lejanía,
mente adentro, entre brumas,
se oye una canción de cuna
que te llena de energía,
tanto que, más que arrullarte,
más te despierta a la vida.

Tras peregrinar un resto,
al fin, viniste a hacer tierra
donde sólo hay pavimento
y un vil cuchitril te hospeda;
te da la espalda el espejo,
pisos abajo, hecho añicos,
consta el acta de suicidio,
mil cristales por el suelo,
que barre la lluvia al pinche
cenagoso sumidero.

El lodo es odio amoroso
entre lo sólido cauto
y lo líquido humoroso,
y esa figura de barro
que nació de un mar fangoso,
eres tú, como el engendro
de película de miedo,
el deforme ese escamoso,
verde y con babas, salido
de aquel pantano espantoso.

Un fenómeno de circo
te vuelves y te conviertes
en un alien, un mendigo,
la Llorona en Martes Trece;
ni siquiera tienes hijos
y, ay, mis hijos, vas chillando
y enderezas jorobados
a las orillas del río;
y eres un extraterrestre
en tu propia Tierra, amigo.

Que, nacido en un acuario,
ese amigo soy yo mismo,
y hago whitmaniano el canto
por mágico travestismo;
pero retorno en el acto
sexual a ser el de siempre:
asexuado, inicialmente,
unisex y bisexuado,
que el origen de la vida
fue en el Agua cultivado.

Hay entre fobias y filias
todo un océano de dudas,
pero, claro, es la familia
el búnker de la locura,
y, aunque se discutiría,
camaradas, si no fuera
de esta cívica manera,
los dementes andarían
sueltos por los callejones,
el metro y las avenidas.

No obstante, es un manicomio
la sociedad y, obviamente,
gran refugio para locos
resulta este insano ambiente;
intolerados, de pronto,
en tumulto, día y noche,
deambulan tristes fantoches
en un oleaje chicloso,
tan quitados de la pena
y sacándose los mocos.

Por las calles de concreto,
a lo naco turistean
en trajes de baño, en zuecos,
en bikinis de terlenka;
por ahí va don Tungsteno
pretendiendo a Volframita,
que parece vietnamita
con ese raro sombrero;
en la boda, si hay arroz,
se lo comen, desde luego.

Estos orondos oriundos
de la urbe, que amamanta
con su leche de uso crudo
en una grisácea nata,
ante lo adverso del mundo,
enfrentando a pecho abierto
los ciclones de cemento,
la casta sacan por mucho,
y es que aquí uno hace anticuerpos
y es un anticuerpo uno.

Y camina uno mostrando,
como dicen los maeses,
ese código de barrio
para mal y algunas veces
para bien, queridos warriors;
y el lenguaje es un graffiti
que, salpicando confetti,
pinta al aire de vocablos
y derriba las paredes
en un breakdance desgarbado.

Un huracán de pasones
y lluvia etílica santa,
hicieron de mí ese monje
que anduvo allá en las Cruzadas;
con grifa y dos, tres alcoholes,
encaré combates varios
más templado que un Templario;
pero, confieso, señores,
que ofrecí a las sarracenas
mi derrota en sus amores.

Pero no pido clemencia,
aquello fue un parte-aguas,
bueno es perder la decencia,
no me arrepiento de nada;
más allá de la prudencia,
a través de los excesos
uno llega a estar exento
de abrazar la penitencia;
las corrientes submarinas
siempre a buen puerto me llevan.

Si lo que llaman Sistema
en realidad poseyese
eso que llaman cabeza
y el seso del que carece,
en la mar de tantas eras,
de una tromba cerebral,
fulminado tiempo atrás,
ya fenecido estuviera,
mas de perfecta salud
goza este ser sin sesera.

Sobre la marcha me asalta
a mí una lluvia de ideas,
mejor saco mi paraguas,
se avecina una tormenta;
ser profeta no es mi chamba,
meteorólogo no soy,
pero ahí en su habitación,
al quitarse las enaguas,
se atormenta una vecina
que se ha quedado sin Agua.

¿Quién, ya te habrás preguntado,
no conoció a Doña Culta
y su circuito cerrado
de publica y no circulas?
Tal vez sigas suspirando,
ah, las becas de la Vieja,
la Ley Mordaza autopuesta,
el subvertir controlado
por sus distinguidos, doctos,
traficantes ilustrados.

Porque en la Nueva Censura
puedes mentarle la madre
al Gobierno, a la Cultura,
hacer tu pinche desmadre
de autoconsuelo en hechuras
de filmes, discos y libros
que, al final, al difundirlos,
no pasarán de tu puta
secta, que suele amparar
obras de culto y ladrar.

Perro que ladra, no muerde,
nada de que ladran, Sancho,
señal que andamos rupestres
y perplejos, mi buen Pancho;
en este entorno pedestre
siempre se apuesta a perder
y, bueno, habrá que joder
al delator de este ambiente
que, por venderse al ganar,
nos hace ver cual peleles.

Sabes que vives en México
si alguien dice, sin vergüenza,
que tiene pánico al éxito
y va sin gloria ni pena;
y agrega un oligofrénico
que en un país de crueldad
al talento hay que matar,
y todavía en tu léxico
ser perdedor es la onda
que te tiene parapléjico.

Ya con ésta me despido,
tengo una cita en la esquina,
adiós, borrachos queridos,
que alguien ponga la propina;
el último paga, amigo,
y apaga la luz el ciego,
el de los versos perversos,
mi alter ego presumido,
que, según él, me dictó
El Cantar de Casimiro.

COLOFOX*

Oído habrás que éste era un
gato con los pies de trapo
y los ojos al revés,
¿quieres tú que te lo cuente,
que te lo cuente otra vez?
No, gracias, bien te excusaste,
tengo que ir a Tequesqui-
tengo que ir a Tequesqui-
tengo que ir a Tequesqui-
tengo que ir a Tequesqui...

*Pequeño tributo al preclaro Manuel Loco Valdez.

Gracias a Miriam Canales por capturar paramecios a la poca luz del casi miro o semi wacho y en su prestidigitalización, con esmero mero, llevar estos náufragos versos a buen puerto.

www.ingramcontent.com/pod-product-compliance
Lightning Source LLC
LaVergne TN
LVHW041153080426
835511LV00006B/583